模式经济

如何打造资本青睐的商业模式

郑翔洲 唐亮 ◎ 编著

电子工业出版社
Publishing House of Electronics Industry
北京·BEIJING

内容简介

本书从理论和实践两方面解读企业如何创新商业模式以实现资本增值和企业可持续发展；本书通过大量的案例分析和问题解答帮助企业找到适合自身发展的商业模式，了解商业资本的高端运作设计方案，改变企业的传统观念，打造企业的核心竞争力。

本书重点讲述了什么是好的商业模式、什么是资本市场青睐的商业模式，以及这些商业模式是如何运作的。

未经许可，不得以任何方式复制或抄袭本书的部分或全部内容。
版权所有，侵权必究。

图书在版编目（CIP）数据

模式经济：如何打造资本青睐的商业模式 / 郑翔洲，唐亮编著．—北京：电子工业出版社，2021.10

ISBN 978-7-121-41953-9

Ⅰ．①模… Ⅱ．①郑… ②唐… Ⅲ．①商业模式—通俗读物 Ⅳ．① F71-49

中国版本图书馆 CIP 数据核字（2021）第 183685 号

责任编辑：张　昭
印　　刷：北京盛通数码印刷有限公司
装　　订：北京盛通数码印刷有限公司
出版发行：电子工业出版社
　　　　　北京市海淀区万寿路173信箱　邮编：100036
开　　本：720×1000　1/16　印张：13　字数：197.6千字
版　　次：2021年10月第1版
印　　次：2024年3月第2次印刷
定　　价：88.00元

凡所购买电子工业出版社图书有缺损问题，请向购买书店调换。若书店售缺，请与本社发行部联系，联系及邮购电话：（010）88254888，88258888。
质量投诉请发邮件至zlts@phei.com.cn，盗版侵权举报请发邮件至dbqq@phei.com.cn。
本书咨询联系方式：（010）88254210，influence@phei.com.cn，微信：yingxianglibook。

目录

第一章　国内和国际市场概述　/ 001

　　第一节　趋势不等于风口　/ 002

　　第二节　股票投资的逻辑　/ 003

　　　　一、让股价上涨的模式　/ 004

　　　　二、股票投资的六个层次　/ 005

　　第三节　美元的商业模式和美国政府赚钱的逻辑　/ 006

　　　　一、对标美国模式，认识美国主导世界经济的"三板斧"　/ 006

　　　　二、美元的商业模式　/ 008

　　　　三、美国在全世界赚钱的"合法模式"　/ 010

　　　　四、东南亚的机会　/ 012

　　　　五、海南商机的解读　/ 013

　　　　六、关于美国的几个问题　/ 013

　　　　七、疫情对各行业的影响　/ 014

第二章　模式经济的理论与问题研究　/ 021

　　第一节　模式经济的方法论　/ 022

　　第二节　15种商业模式　/ 028

　　　　一、"加码"模式　/ 028

　　　　二、创造"利益共同体"模式　/ 030

三、"消费者+股东"模式 / 030

四、全产业链模式 / 031

五、工程模式 / 033

六、转型模式 / 038

七、"聚焦"模式 / 039

八、"产品+股权"模式 / 040

九、"主业+投资"模式 / 040

十、"创造类别第一"模式 / 041

十一、"金融供应链"模式 / 060

十二、平台模式 / 060

十三、类金融模式 / 061

十四、互联网+大数据模式 / 061

十五、连锁托管模式 / 062

第三节　关于行业和创业的39个问题的解答 / 063

第三章　模式经济的实战案例 / 075

工业富联（601138）　业务不变，营收秒变54倍 / 076

申洲国际（2313.HK）　ODM+OEM，代工净利之王 / 079

小米集团（1810.HK）　费用分边，流量占股 / 082

格力电器（000651）　上下通吃，雪中送炭 / 086

小狗电器（IPO中止）　不做主机厂，专注做整合商 / 089

公牛集团（603195）　品牌是想得到，渠道是买得到 / 092

普滤得（430430）　"交钥匙模式"不如先款后货 / 095

贵州茅台（600519）　五粮液（000858）　洋河股份（002304）　泸州老窖
（000568）　中国白酒上市公司的渠道模式 / 098

东阿阿胶（000423）　炒货模式，货源归边 / 111

三只松鼠（300783）　生产外包，建M2C"廉政公署" / 114

养元饮品（603156）　六个核桃，做品牌不做品类 / 118

达利食品（3799.HK）　跟随战术，农村包围城市 / 121

周黑鸭（1458.HK） 绝味食品（603517） 卖鸭的生意，直营与加盟模式的选择　/124

安井食品（603345） 销地产+产地销，规模成王　/127

海澜之家（600398） 专注男装，类直营模式　/130

海底捞（6862.HK） 发现中国好店长　/133

永辉超市（601933） 向下合伙　/138

春秋航空（601021） 廉价航空，低价就是未来　/142

美年大健康（美年健康002044） 先参后控，一钱两赚　/145

爱尔眼科（300015） 分级连锁，基金并购　/148

复星医药（600196；2196.HK） 做药没做大，买药做大了　/151

药明康德（603259；2359.HK） 高级代工，研发外包模式　/154

红星美凯龙（601828；1528.HK） 比重资产轻，比轻资产更轻　/157

尚品宅配（300616） 柔性生产链，C2B+O2O　/160

碧桂园（2007.HK） 高周转，天下武功唯快不破　/163

万科（000002） 细分客户，未卜先知　/167

张江高科（600895） 房东+股东，科技投行模式　/170

宋城演艺（300144） 蹭头部流量，做自己的演艺　/173

易居企业控股（2048.HK） 甲方变乙方，客户变股东　/176

牧原股份（002714） 温氏股份（300498） 雏鹰农牧（已退市） 新希望（000876）中国上市公司的养猪模式　/179

豆盟科技（1917.HK） 技术扶"贫"，上游付费　/186

跟谁学（GSX.US） 从O2O倒向B2C，模式有用才是王道　/189

拼多多（PDD.US） 反向复制，挟用户以令上游　/192

美团点评（3690.HK） 无限边界，S2B2C生态赋能　/196

金山办公（688111） 弯道超车，免费模式　/200

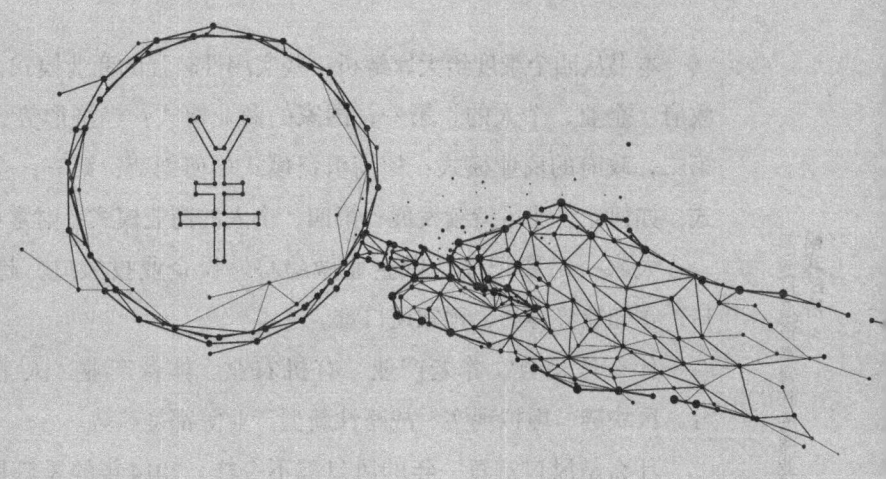

Chapter 1
第一章

国内和国际市场概述

第一节
趋势不等于风口

本书从四个维度给大家解析一些实用性较强的商业模式，包括国家、政府、企业、个人的。第一，国家的商业模式：经济形势、全球格局；第二，政府的商业模式：招商引资模式如何创新；第三，企业的商业模式：如何让企业可持续发展；第四，个人的商业模式：财富如何增值。

大家一定要记住，做企业做趋势，投企业投风口。趋势不等于风口，预知趋势容易，预知风口难。

什么是趋势？养老产业、有机农业、体育产业、人工智能、新能源、区块链、虚拟现实、战略性新型产业等都是趋势。

什么是风口？每一年的风口都不一样。2014年的风口是O2O，2015年的风口是互联网金融，2016年的风口是移动直播和共享单车，2017年的风口是知识付费和人工智能，2018年的风口是新能源，2019年的风口是5G产业和大健康。

看一个行业是不是风口，有一个指标（记住这个指标，将会提升你80%的投资水平），那就是20%的渗透率。有20%的人都涉及这个行业，那就证明这个行业已经成熟。

为什么人工智能已经是风口，而虚拟现实还不是风口？因为人工智能的渗透率已经超过20%，而虚拟现实的还没有。虚拟现实还没有应用到你的工作、生活中，所以虚拟现实的渗透率还很低，虚拟现实的技术是建立在5G技术上的，而5G技术才刚刚成熟。领先两步成为"先烈"，领先一步成为"先驱"，领先半步才能成功。这个度特别重要，那么这个度就是20%的渗透率。

有机农业和养老产业为什么还没有成为风口？因为有机农业要在人均GDP达到1.2万美元以上才有可能高速发展，而中国2020年的人均GDP约1.05万美元。养老产业要等到2022年以后才有可能高速发展。新冠疫情之后养老产业会加速发展。

区块链是风口吗？不是。因为区块链的渗透率不到2%。但是笔者认为，区块链将引发改变世界的一次变革，一次从弯道超车变为换道超车的变革。

优势资本投资了两个电视购物的企业，一个是七星购物，另一个是橡果国际。投资七星购物，大概回报70多倍，投资橡果国际回报只有2倍。难道七星购物的董事长比橡果国际的董事长能干35倍吗？不是的。因为优势资本投资七星购物的时候，电视购物是风口，投资橡果国际的时候，电视购物已经不是风口，所以投资是投风口而不是投趋势。国内很多没有经验的投资人之所以投资失败，就是错把趋势当成了风口。

» 第二节
股票投资的逻辑

纳斯达克总共有5400多家上市公司，纳斯达克的大部分财富回报，都是由其中4%的公司创造的。历史不会重复事实，但历史往往重复规律，所以中国的股市的价值基本上也是由那4%左右的股票创造的，也就是说中国A股上面只有100多只股票值得长期持有。

国外的经验是只有独角兽公司才能独占鳌头，才能为中小股民创造巨大的价值，国内也是一样的。一级市场投资是投资人，难道二级市场投资就不投资人了吗？用一级市场的投资思维，去做二级市场，那是"高维"打"低维"。

世界500强公司的今天就是中国500强公司的明天，中国500强公司都是靠"卖、卖、卖"做大的，世界500强公司都是靠"买、买、买"做大的。中国500强公司的CEO，80%左右都是做营销出身的，世界500公司强的CEO，80%都是做资本运营出身的。所以，中国未来的企业家或CEO一定是懂得资本运营的商业模式专家。

一、让股价上涨的模式

中国未来市值2000亿元以上的企业，都要靠并购做大，都要学习LV集团的并购模式，并购别人的渠道，并购别人的利润，并购别人的品牌，并购别人的用户。并购的钱从哪里来呢？可以从融资来，也可以从中小股民来。二级市场的投资都是不具备确定性的，但是用一级市场的投资逻辑去做就具备了80%的确定性。在这里和大家分享3种可以让上市公司股价上涨的模式。

1. 一家上市公司并购同属性的企业（注意是同属性，而不是不同属性），能够增强垄断，股价短时间内会暴涨。中小股民就要在知道公司并购之前，悄悄买进这家上市公司的股票，比如国美合并永乐电器（优势资本投资的企业），分众传媒（优势资本投资的企业）合并聚众传媒，安踏体育（优势资本投资的企业）合并亚玛芬体育，58同城合并赶集网，携程网合并去哪儿网，百合网合并世纪佳缘，滴滴打车合并快的打车（估值提升），吉利合并沃尔沃，优酷网合并土豆网，等等。这些企业的股价都曾经大涨。

2. 一家上市公司并购上下游产业链企业（或者并购大数据、5G基建、特高压/电力物联网、高铁/轨道交通、新能源汽车/充电桩、云计算/数据中心、工业互联网、车联网、超高清、物联网、虚拟现实、区块链等领域的创新型产业链企业），也会导致企业股价短时间内暴涨。例如，东阿阿胶收购上游的驴皮厂，东风股份收购上游的模品制造厂，艾格菲收购下游的养猪场，三泰控股收购大数据保险互联网公司。企业的竞争是产业链的竞争，要么加入一个产业链，要么创造一个产业链。

3. 一家上市公司从盈利不可持续变为盈利可持续，股价短时间内也会暴涨。比如，通用电器以前把发动机卖给航空公司，后来把发动机送给航空公司，靠里程数来赚钱，从"一生一次"的生意变为"一生一世"的生意，其股价也曾经暴涨过。尤其是面对大B端的企业，都可以从一次性的收益变为持续性的收益。

至于上市公司做什么样的并购、什么样的商业模式能够让股价暴跌，肯定是并购不同属性的企业，商业模式从盈利可持续变为不可持续。高市盈率的上市公司并购低市盈率的上市公司，股价也会暴跌。

二、股票投资的六个层次

第一个层次（最低的层次），看股价。BIJT的股价、茅台的股价和格力的股价已经很高了，但是依然可以再创新高。

第二个层次，看市盈率。利润决定企业赚不赚钱，市盈率决定企业值不值钱。A股上市的市盈率100倍以上的企业大概有700家左右。企业从低市盈率转变成高市盈率，需要一级市场的资本运营思维。

第三个层次，看市值（市值＝利润×市盈率）。从市值的角度，看未来。看看这个企业如果做转型、做并购能不能做得更大。这个企业所在行业的市场容量有多大，决定了企业未来的市值有多高。

第四个层次，看行业。选择赛道特别重要，主要看行业是否每一年都在成长。股价持续上涨是因为企业在成长，行业在成长，行业的上下游在成长。所以我以前经常讲，没有厨师的餐厅可以做大，没有医生的医院可以做大；男装可以做大，女装很难做大；运动鞋可以做大，皮鞋很难做大。有一些行业规模非常大，但是不符合资本市场的要求，也很难上市。所以中国没有一家KTV行业的上市公司，没有一家洗浴行业的上市公司，没有一家美容美发行业的上市公司，没有一家演唱会行业的上市公司，但是未来可能会有。

第五个层次，看公司。公司的战略有顶层设计吗？公司的商业模式可持续吗？公司的资本运营有高人指点吗？公司的品牌营销团队水平好吗？尤其是团队，这个公司有没有市场运作团队？有没有资本运营团队？有没有技术研发团队？有没有线上运作团队？团队能力足够强吗？

第六个层次，看运气。股票投资，很大部分也是靠运气的。当眼光一定的时候，运气就很重要。

所以大家做投资配置的时候就可以采用3:3:4的投资模式：30%左右做房地产投资，30%左右做股票投资，40%左右做股权投资。但是千万不要自己去投资，最好跟着一个成立15年以上的专业机构去投资。

» 第三节
美元的商业模式和美国政府赚钱的逻辑

一、对标美国模式，认识美国主导世界经济的"三板斧"

- 美元波动，即金融霸权
- 航空母舰护航，即军事霸权
- 全产业链主导，即科技霸权

第一"板斧"：美元波动

美元有个特点：美元流向哪个地方，往往哪个地方的经济就会繁荣；美元逃离哪个地方，哪个地方的经济就会衰落，如韩国、日本和拉美地区。

美元持续下跌的时候，就是美国疯狂印钞、对全世界输出美元的时期。这个时期，世界其他地方的经济通常都会比较繁荣。

而一旦美元大幅度上涨走牛，就意味着全世界的资金在回流美国，这才推动了美元指数的上涨。这个时期通常就是加息收割时期，会让世界其他地方出现经济危机。

也就是美国通过降息，把美元赶出去获利。美国通过主导全球化产业链来帮助美元获利。

美联储加息的过程，就是美国赚钱的过程。上市公司缺钱怎么办？发股票。国家缺钱了怎么办？印钞票。

通过美联储降息释放美元，加息回收美元，一进一出，好几倍的收益就可以回流到美国。

第二"板斧"：航空母舰护航

美国航空母舰为美元保驾护航，以保证美元能够顺利赚钱。

看到这儿，想必大家就明白为什么美国要每年耗费上万亿美元的军费，去维持这么庞大的航母战斗群体系。

第三"板斧"：全产业链主导

通过对全产业链的主导，美国把产业链最顶端的东西握在自己手里，而最底端的由其他国家去开发。美国加息降息周期大约在7年左右，就是每7年左右赚一次钱。

消费型、生产型、资源型国家的地位依次降低，产业链最顶端的肯定是消费型国家，其次是生产型国家，最后才是资源型国家。与从资本角度看企业一样，离人越近的生意越有价值，离钱越近的生意越有价值。

美国为什么强大？很多人说是科技，很多人说是制度，很多人说是武器，不过那都是结果。美国强大的根源就一个：从1900年到2018年美国是全球最大的单一消费大国。所有的国家与美国做生意一定要用美元。

在这119年的时间里，美国作为全球最大的消费国，可以主导整个产业链，在产业链里面做设计，把其中利润最高的部分全部拿走，然后把剩下的分给资源型国家和生产型国家。

例如，一部苹果手机，美国的苹果公司赚了58%的利润，韩国、日本和其他国家赚10%的利润，中国只赚2%的利润。苹果公司本身的股价也是由华尔街资本掌控的，苹果作为全世界最赚钱的公司之一，赚到的钱全部涌向了华尔街，美国赚大头，其他国家赚小头。

1974年以来，生产型国家和地区作为世界工厂进行了三次更替。

1.0版本的世界工厂：德国和日本。20世纪70—80年代德国、日本经济的繁荣，都已经充分说明了这个道理。但是，美国通过《广场协议》限制了日本，通过《卢浮宫协议》限制了德国。日本和德国被限制了以后，就陷入了很长一段时间的经济萧条。

2.0版本的世界工厂：亚洲四小龙。人类历史上有5次赚"坐电梯"钱的机会：240年前的英国，120年前的美国，60年前的亚洲四小龙，35年前的中国，现在的柬埔寨和越南。

3.0版本的世界工厂：就是中国。中国依然是生产型大国，扛起制造业重任。2001年中国加入WTO，完成世界工厂的飞跃。

特别是2008年次贷危机爆发后，美国和欧洲国家都进入了量化宽松、举债刺激经济的泡沫模式。但是在狂发货币刺激经济后，大家发现通货膨胀并没有想象中的严重。实际上，过去10年，世界之所以没有发生恶性通胀，是因为中国承担了世界工厂这个角色，为世界输出了大量物美价廉的商品。正因为中国这个世界工厂的存在，世界才得以在疯狂印钞的过程中避免了恶性通胀。所以从2008年开始，中国对世界的贡献，超过了美国。

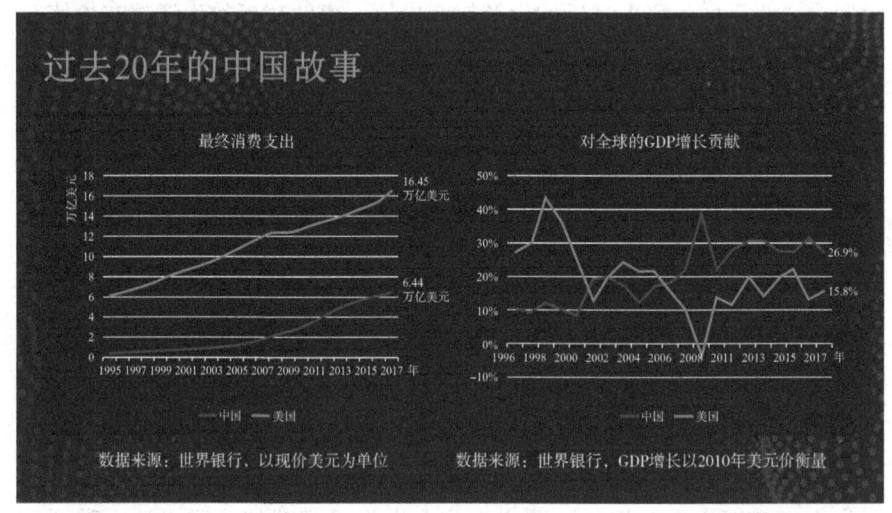

亚洲四小龙发展起来以后，就过自己的小日子了，对美国不会造成威胁。中国既是生产国，又是消费国；既是甲方，又是乙方；既是运动员，又是教练员，还是裁判员。一旦中国完成经济转型，美国主导的全球产业链将分崩离析。

二、美元的商业模式

1. 输出美元

对外输出美元现在基本上有两个办法，第一个是消费，第二个是投资。虽然美国只有3亿多人口，但它常年是全球最大的消费国。现在中国的人口是美国的4倍多，未来我们的消费有可能会是美国的好几倍，这是毋庸置疑的结果。美国用足够的购买力买全世界的商品，然后把美国的商品卖到别的国家去，收到的是美元。

美元变成世界其他国家的外汇储备存储了起来，各国的外汇储备反过来又变成了各国自身发行国内货币的锚定物。比如说央行的外汇储备，每增加1美元的外汇储备，就需要在国内投放相等货币的货币存量。这等于用外汇储备来给自身的货币进行一个背书。这就是为什么美国一旦通过美元赚钱，很多新兴市场的货币就会崩盘。

2. 回收美元

美国过去十几年是最大的贸易逆差国，每年都有几千亿美元逆差，特朗普认为这非常不公平，美国在贸易逆差中吃了亏，但实际上美国不但没有吃亏，反而获利非常大。而这种巨大的贸易逆差正是美元霸权的一个基础。

如果没有这巨大的贸易逆差，各国就不会有那么庞大的美元外汇储备。各国收到高额的美元作为外汇储备之后，不能在国内流通，只能在国际上流通。在国际上流通，又没有好的标的，怎么办呢？结果就只能购买美国的国债。美国的国债是全世界国家投资的对象。换句话说，美国用庞大的贸易逆差把美元输出到全世界以后，又通过国债把这些美元给收回去了。

也就是说，美国借中国的钱去投资中国，借印度的钱去投资印度，借日本的钱去投资日本。它用的不是自己的钱，而是别人的钱，这个中间的工具就是发行美国国债。美国拿到这些低息的贷款，去投资这些生产型国家的一些好的资产，最后形成一个利差。

3. 低价买进优质资产，高价输出

这个利差就是美国通过美元赚钱的模式，用其他国家的钱去投资其他国家，等到股权增值后再退出。这个模式是"你好、我好、大家好"。但是美国一旦进入加息周期，它凶残的一面就显示出来了。这个模式最

重要的就是降息周期，美国以糖衣炮弹让生产国麻痹，等生产国的外汇储备消耗得差不多时，美国会一改之前的降息周期，进入加息周期。

2005年到2006年，美联储进行了一个加息周期，把基准利率从1%调到了5.25%，两年加息4.25%，这么大幅度的提升，摆明了就是在对付中国。2015年12月，美国结束了从2008年美国次贷危机开始的降息周期，开始新一轮的加息周期。新一轮加息又会导致部分国家的经济衰退。

三、美国在全世界赚钱的"合法模式"

举个例子，2008年美国次贷危机以后，中国崛起，2006年和2015年美国靠美元赚钱的手段两次失败，虽然美国很生气，但是结果没那么严重。

从1971年至今的美元指数走势图上，我们可以很清晰地看到几个降息周期和加息周期。

1971—1979年，降息周期，美元指数一路下跌，钱印太多自然就不值钱了。

1980—1985年，加息周期，美元指数一路走牛，进而引发拉美危机，全球美元回流美国。

1986—1995年，降息周期，美元指数一路下跌，促使亚洲四小龙经济腾飞。

1996—2000年，加息周期，美元指数一路上涨，这是全世界美元回流美国的结果。这引发了亚洲经济危机，并且引发了互联网泡沫危机。

2001—2004年，降息周期，美元指数一路下跌，巨量外资流入中国，促使中国经济繁荣。

2005—2006年，加息周期，美元指数有短暂走牛，但对中国没有起到作用。

之后随着2008年的次贷危机，美元指数一路跌到1971年的历史最低值。

这直接宣告了美国2005年开始的加息周期失败，导致美国开启了漫长的举债扩张经济的不归之路。单单从美元指数，就可以看出很多信息，因为美元指数是可以最直观看出全球资金动向的指数。

2005年美国开始加息，但美元指数却没有像之前一样开始大幅度上涨，背后的根本原因在于当时的中国吸引外资的能力太强了，现在全世界都在学习中国的招商引资。

那个时候的中国还不像现在体量这么大，全世界都看好中国成长的机遇，大部分外资都舍不得从中国撤出。因此美国加息的效果自然不好，一口气加息那么多，美元指数却只涨了一点点。

这也是美国2008年会爆发次贷危机其中一个很重要原因。2005—2006年的加息周期，没有让中国的经济难看，结果反而是全世界的资金被中国吸引走很大一部分。

2008年美国试图对抗中国的图谋失败，导致美元自身崩溃，进而全面引爆次贷危机。

经过连续10次降息，美国经济才被救了回来；经过连续10年的量化宽松刺激，美国经济才保持了最繁荣的一个周期。

美国也因此付出了高达23万亿美元的债务代价。

中国2020年的GDP首次超过100万亿元，10年之后变成200万亿元是有可能的。如果说投资中国10年翻一倍，那么这个时候就是美国投资中国的最佳时机，所以美国在中国上市公司里面大量持股，通过投资来大量抵消美国的巨额债务。

同样的商业模式，1990年美国对日本做过，1997年美国对韩国做过。

所以从2018年开始，每年都有至少超过6000亿元的外资持续流入中国。

2017年外资持有A股市值还只有约6000亿元。

2018年外资持有A股市值就上升到了约1.3万亿元。

2019年外资持有A股市值上升到了约1.9万亿元。

2020年年初外资持有A股市值为2.1万亿元左右（A股总市值大约60

万亿元），约占A股总市值的3%，外资具备做空中国的筹码。

四、东南亚的机会

美国和欧盟的企业会去东南亚找生产商，这对我们也是一个巨大的冲击。

未来的趋势：南亚、东南亚与中国对比列表（下一个10年，非洲超过欧洲）

	人口/亿人	15~64岁人口比例/%	GDP/万亿美元	GDP同比/%	最终消费支出/万亿美元	消费同比/%	FDI净流入/亿美元	FDI同比/%	互联网普及率/%
中国	14.09	71.7	12.24	6.9	6.44	6.5	1019.14	-5.29	54.3
南亚	17.53	65.6	3.28	6.6	2.39	6.7	113.71	120.3	30.6
东南亚	6.49	67、5	2.77	5.2	1.84	5.1	552.12	1.9	44

数据来源：世界银行，互联网普及率是互联网使用人口占总人口比例

印度、印尼的互联网崛起举例

印度、印尼，大量互联网公司借鉴中美公司成功模式

NO.	公司	简介	估值（10亿美元）
1	Flipkart	印度最大电商，对标京东	21
2	Paytm	最大支付钱包，对标阿里支付	21
3	Olacabs	最大租车服务公司，对标滴滴打车	4.3
4	Zomato	外卖平台，对标饿了么	2
5	SnapDeal	电子商务	1
6	Quickr	在线分类平台，对标58同城	1.03
7	Inmobi	B2B,B2C广告平台，对标Admob	2.2
8	Mu Sigma	大数据服务商	1.5
9	Make My Trip	在线旅游平台，对标携程	2.29 (Nasdaq)
10	Swiggy	外卖平台，对标饿了么	3.3
11	Byju's	教育科技	1
12	Paytm, Mall	电子商务，对标天猫	2

五、海南商机的解读

第一，海南的确有挑战香港，成为国际购物中心的可能性。因为2025年之前，海南可能全岛封关，形成零关税。香港之所以成为购物中心，最关键的因素就是零关税。我们去香港购物有一个隐藏的条件，就是内地居民去香港购物免税，其实每人每次只有5000元（有时候有弹性）免税额度，但是这次国家给海南的免税额度达到了每人每年10万元，相当于我们去香港购物20次。

第二，进口车和进口游艇免关税。比如说，你想买100万元的进口车，在海南只需要60万元左右；你想买1000万元的游艇，在海南可能只需要600万元左右。

第三，如果你的年薪比较高，现在在海南的所得税将会比在香港低得多。海南按照3%、10%、15%三档超额累进税率征收个人所得税。这样就会吸引全中国大量的企业，包括很多"独角兽"企业去海南注册公司，公司注册在海南，纳税在海南，运营依然在北上广深，何乐不为？

第四，以前一家企业要去中国香港或美国上市，都需要在开曼群岛注册一个公司作为跳板，但是现在只需要去海南注册公司就行了。

第五，如果外国人想在中国开公司，以前他们是不能担任法人的，但是现在他们在海南注册一个公司，就可以担任法人了，通过海南这个窗口，全球的生意都可以做到中国。

第六，一些特效药、救命药、抗癌药可以在海南旅游先行区买到了。

六、关于美国的几个问题

1. 美国的贸易会衰落吗？

不会。美国的贸易格局全球独一无二，美国贸易需求供给可能以海外为主，而在海外供给中它可以择优选取，所以针对大量的基础性产品，海外市场可以保证美国市场的这种需求量。在高科技领域，美国的主导性非常强，在最近的几次产业革命中，美国的高科技引领全世界，这是美国克林顿总统、布什总统、奥巴马总统的政绩亮点。所以，美国的贸易格局和产业格局雷打不动，衰落的可能性很小。

2. 美股会崩盘吗？

不会。美国好的企业（5%的上市企业）盈利可持续、成长可持续，政府税收也可持续，股价更可持续；差的企业就退市。所以，在美国，好的企业越来越好，差的企业越来越差，而且美国股市经历了这一次的深度修复，尤其是疫情之后的深度修复，纳斯达克指数上了1万点，标准普尔指数上了3000点，道琼斯指数上了26000点，其技术保护加上军事保护，让美国的好企业一直可持续发展。

3. 美元汇率会失控吗？

不会。因为美元的交易量在全球交易量中的占比在不断上升，目前已经达到84%，全球美元使用率也达到了2015年曾经的最高点44%，所以美元依然强势。在全球去美元化的舆论当中，美元并没有受到影响。

4. 美国经济短期内会崩盘吗？

不会。美国的经济叫作新经济，这种模式是全球独一无二的。这次疫情中断了美国经济的增长周期，美国这次的增长周期达到了128个月，是历史上的新高。上一次20世纪90年代美国经济增长周期是120个月，120个月是传统经济的特色，而目前是新经济的特色。但是美国目前在缓解失业问题，失业人数从800万人慢慢开始降低。美国零售业数据突然开始大幅度攀升（有可能是报复性消费），而且美国的经济是全球化的构造，企业的主体都在海外，现金流和收益都在海外，这种模式是世界上独一无二的模式（现在新加坡模式有点像美国的模式）。

七、疫情对各行业的影响

这次新冠疫情对各行业都有不同程度的影响。

这一次疫情以后，很多行业会出现更多的机会。其他经济学家讲过的行业，这里就不讲了。有一个行业大家都没看到，那就是养老行业。养老行业会爆发。这次疫情死的绝大多数都是老年人，老年人的钱会通过这一次疫情迅速释放出来。养老现在没有一个核心的商业模式，未来最好的养老商业模式就是把别人家好的房间，拿出来做共享。

比如五星级酒店或者是五星级公寓里面的好的房间，拿出来进行共享，让老年人住进去养老。你愿意一年用10万元，让你父母享受一个非常好的养老的服务吗？平均一个月，也就七八千元，我相信95%的高净值客户人群，包括很多企业家都会愿意。但问题是养老行业现在没有好的渠道，没有好的基地。现在我们自己去建一个养老院的重资产模式已经成为过去。现在的养老要把很多核心的小区，很多有山、有水、有河流的疗养院，同样层次的人集中到一起。这在未来可能会出现更多机会。

很多人认为旅游行业和餐饮行业在疫情稳定以后，就会回流。非典给我们的经验是什么？非典给我们的一个经验就是旅游业、餐饮业半年内无法复苏，现在的情况也是一样的。炒股的人这个时候就要注意了，怎样才能够避免一些波折呢？我们要有所为有所不为。在这样一种情况下，大消费依然是中国一个巨大的机会。

做企业是做趋势，投资是投风口，我们要等风口和趋势结合的那一天，但是很多人在那一天来临之前选择了放弃。所以现在要想马上赚钱，最好的办法就要用一级市场的投资思维去炒二级市场的股票，这是"高维"打"低维"。

靠分析K线图赚钱是绝对不靠谱的，要分析企业的持续性，一个上市公司一旦从盈利不可持续，变为可持续，其股价将会暴涨；一个上市公司并购同属性的企业，形成半垄断，其股价也会上涨；一个上市公司并购上下游产业链企业，其股价也会上涨。未来上市公司的最佳对标企业就是宝洁公司和法国LV公司。

疫情之后，战略性新兴产业依然会持续性高速发展。

货币政策走向

政府在货币政策方面临非常大的压力。因为2020年1月份的通胀涨得非常快，CPI（消费者物价指数）长期低迷，在二点几左右，但1月份的CPI冲到5.4，这是过去8年来的最高值了。

2012年、2011年、2008年、2007年，以及2004年的CPI达到过5.4的高值。也就是说，近20年当中，这是第6次CPI冲到5.4。

如果大家注意一下2003年的非典，你会看到非典过后将近半年多，物价是不断往上升的，所以现在在货币政策的选用上，政府就会面临非常大的压力，实际上就是经济学上常用的滞胀。第一，经济不增长了，第二，通胀又增长很多，直接发放货币，可能短期内是没有用的。

从2017年开始，政府就一直在去杠杆，在去杠杆、稳杠杆方面，政府的政策一直是比较连贯的。其实，2017年的杠杆的确非常高，我们看到居民部门的债务占GDP总量的50%左右。如果居民部门和企业部门加在一起，大概有230%，也就是企业部门将近180%，如果再加上官方公布的政府部门的37%，那总数基本上在260%~270%。

GDP的杠杆260%，全球比较来说是非常高的。在这种情况下，如果继续加杠杆，最明显的结果就是对海外融资成本的影响。

第一，海外的投资人对于中国政府和企业的偿债能力会产生非常大的担心。这种担心直接的后果是国家的评级、企业的评级可能会随之调整。

第二，国际融资的成本会进一步提高。

第三，对债务的可持续性的担心，甚至会导致外资进一步流出，从而对汇率的稳定产生非常大的困扰。

我国的外汇储备是很高的，有3万多亿美元。

但是，我国的外债从2008年的近4000亿美元，现在一下子攀升到了2万多亿美元。还有一个压力是短期外债，也就是一年到期的外债，已经占了整个外汇储备的43%左右。

如果外债的持有方信心不足，产生挤兑效应，那将是非常可怕的。如果政府采用加杠杆的措施，很有可能会导致两个结果：

第一，外部融资、海外融资的成本会进一步提高。

第二，由于加杠杆，内部需要发行更多的人民币债务，融资成本反而会下降。

所以有比较大的概率，在未来一段时间可以看到内部融资成本降低，外部融资成本提高。

如果加杠杆的货币政策得以实施，那会产生什么后果呢？

我们可以关注一下中国M2（广义货币供应量）的发行量及年增速。如果直接看M2的发行量是很可怕的，已经到了198万亿元，接近200万亿元的规模。

但是如果看M2的年增速，就非常有意思了。从2017年7月开始，M2的年增速就一直稳定控制在9%以下，基本上在8%~9%，远远小于过去比较高的13%、14%。

从2017年7月至今，我们中国政府关于控制M2、控制注水、控制货币发行方面的决心和政策是连贯的。

最近大家也看到2020年1月20号之后，中央银行就降低了存款准备金，我们的存款准备金曾经一度高达24%。比如说你有100元的存款，其中有24元要存在央行，而且不给利息或者给的利息非常低。这样等于是限制了银行的借贷能力，降低了银行的借贷杠杆。现在经过几轮的存款准备金的调减，这一轮之后调到了10%，这已经跟美国对大银行的要求接近了。

如果跟我国的台湾比较，台湾大概7%左右，所以存款准备金的货币政策的应用工具还有一点点空间。如果没办法，该印钞就得印钞，当然印钞之后，由于我国货币流动的特点，它是受限的。

不是说人民币在资本项下可以在全球进行流动，国内如果M2增速提高，更多的是对国内资产价格产生深刻的影响。如果M2还要增发，国内的融资成本会大幅度下降，甚至利率也可能会有一定的调减。

深度分析通货膨胀是如何产生的，我们如何预测下一次通货膨胀何时到来，新基建是否会引发通货膨胀

说到通货膨胀到底是怎么产生的，相信大多数人的第一反应就是中央银行印钞印多了，超发货币造成了通货膨胀。其实这个想法是错的，中央银行超发的货币根本不可能引起通货膨胀。如果我再问一个问题，为什么有的地方物价高，有的地方物价低呢？相信有很多朋友不知道如何作答。

分析通货膨胀产生的本质，最终目的是让大家能够大概预估一下，下一次通货膨胀何时到来，特别是针对一些物价比较稳定的小城市。如果有一天当地的物价水平突然上涨了，你知道这是怎么回事儿吗？

通货膨胀其实很简单，物价上涨就两个原因，第一是物资短缺，第二是钱多了。物资短缺在现在这个社会不是一个正常现象，某一种特定的商品可能会短缺，比如说猪肉涨价，确实是因为猪肉供应减少了，这个比较好理解。下面主要说钱多了，钱为什么会多？中央银行超发的那些钞票不可能引起通货膨胀，那么这些钱是从哪里来的？我们举例说明。

通货膨胀和一个地区或一个城市的物价水平，与这个地区或这个城市的信贷规模是密切相关的。如果一个地方的老百姓背负的房贷压力过大，企业的负债率比较高，政府的负债率比较高，那么这个地方的物价水平一定是高的。反之，如果这个地方的政府负债率不高，企业比较少，或者企业负债率不高，老百姓的房贷压力小或者能够承担得起房贷，那么这个地方的物价水平一定是比较低的。

因为信贷规模可以创造货币。举个例子，你想买房，100万元的房子你掏了30万元的首付，然后向银行贷款70万元，房地产公司直接就能拿到100万现金。你只出了30万元，结果社会上多出来70万元，这个钱是怎么来的，就是银行通过信贷凭空创造出来的，这个钱不是中央银行超发的钞票，而是银行通过货币乘数，创造出来的广义货币。

比如，我有100元，存到银行，然后银行把这100元借给了张三，那么现在，社会上已经有200元了，我有100元，张三有100元，我们这200元都可以花，但是这100元是怎么多出来的呢？就是银行通过信贷创造出来的，它其实并不存在，只是银行在资产负债表上多加了一个数字而已。延伸一下，张三拿到100元给李四发工资，李四把这100元工资又存到银行了，银行又把这100元贷给了王二麻子，现在，我、李四、王二麻子，我们手中都有100元，在社会上变成300元了，这个钱就是信贷通过银行的货币乘数效应凭空创造出来的。所以，我们可以这样总结，当地信贷规模越大，当地的物价水平就越高，这是正相关的。所以中央银行增发货币和新基建是不会引发通货膨胀的。

一个小城市在一般情况下，物价温和，可一旦有大型的企业比如说绿地、恒大进驻，当地的物价水平马上就会上升。不仅是大型企业入驻，政府的一些决策，也能够影响当地的物价。政府如果想扩大城市建设，肯定是要举债的；企业进行正常的运营，一般也是要举债的，这些都叫信贷规模。总结一下，信贷规模可以凭空创造货币，这些多出来的货币很大一部分会投入当地市场，而当地市场的服务和商品的总量并没有相应增加，所以物价上涨也就不奇怪了。有几个特殊的情况，有一些地方，企业的负债率是比较高的，政府负债率也是比较高的，但是当地的物价却不高，这是因为这些债务不健康。企业资不抵债，借新债还旧债，政府也借新债还旧债，这些钱只是在债务里边循环，没有投放到社会上，所以不会造成物价上涨。还有一个造成物价上涨的原因是外地热钱的涌入，比如一个小县城，建了一个大中专学校，招收了1万多名学生，这些学生的消费就能把当地的物价给带起来。再比如一个地方政府招商引资了一个企业，这个企业在当地投资了50亿元，那么当地的物价马上会涨，房价也马上会涨。

我们国家如何去调控通货膨胀呢？知道了这个原理之后，我们就会发现，每当通货膨胀到了一定程度的时候，抑制通货膨胀的举措就是加息，调高存款准备金率。升高利息就会造成有些想借钱的人不借了，调高存款准备金率，就会造成商业银行往外放款的数量减少，社会上的信贷规模就会被压缩，钱少了通货膨胀自然也就降下来了。相反，如果通货膨胀率比较低，想要刺激经济，就可以降息，适当调低存款准备金率，这样社会上的信贷规模就会稍微膨胀一点，钱就会多一点，然后经济也会发展了，相对来说通货膨胀指数也会走高一点，这就是一个很朴素的经济学原理。

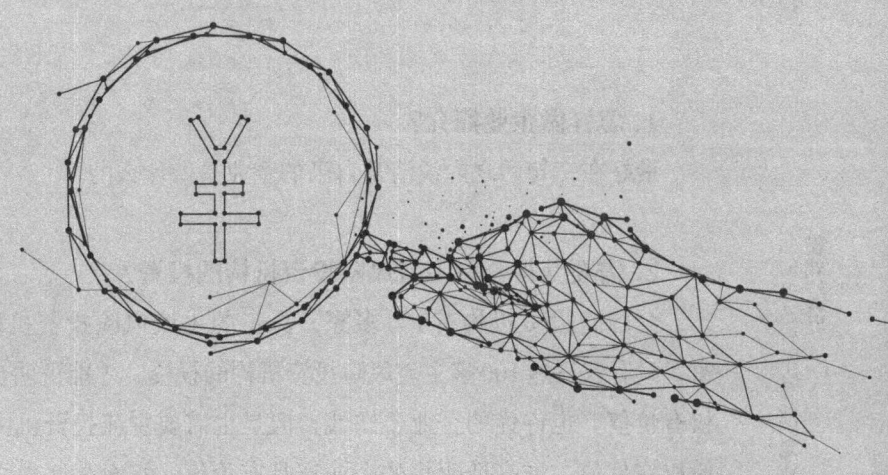

Chapter 2
第二章

模式经济的理论与问题研究

第一节
模式经济的方法论

1. 怎样做企业简介？

最好在三句话之内说清楚自己的企业是做什么的。

2. 需要获得哪些主流风险投资机构的投资？

全国的投资机构有1万多家，真正的主流风险投资机构大概有100家，只有获得这100家主流风险投资机构的投资，才能证明自己的企业股权有价值。也许你的企业不缺钱，但是也需要主流投资机构来证明企业股权有价值。谁来证明你的企业产品有价值？答案是客户。谁来证明你的企业股权有价值，答案是主流投资机构。

3. 对标的企业是谁？对标企业的市盈率是多少？

企业的对标分成同行业对标和跨界对标。对标的企业越有价值，你的企业越容易获得融资；对标的企业市盈率越高，你的企业目前的估值也会越高。

（1）同行业对标

比如，数字政通当年上市时，对标交通系统行业的金蝶模式和用友模式；匹克运动上市时，对标体育行业的耐克；当当网上市时，对标亚马逊。

（2）跨界对标

比如，云放茶园对标茶叶行业的小米模式，新特汽车对标新能源汽车行业的1919模式；1919酒类直供对标酒类行业的海澜之家模式；芭比馒头可以对标馒头行业的瑞幸咖啡模式；喜临门床垫可以对标床垫行业的小米模式；瑞幸咖啡对标线上版本的7—ELEVEN。

4. 优势的产业（市场容量原则上要在200亿元以上）

投资机构首先喜欢能够做大的行业或企业，其次喜欢做得快的行业或企业。从0～1000亿元交易额，京东用了10年时间，而拼多多仅用了两年时间。对我们来说，科创板是十年不遇的机遇，企业的并购是30年不遇的机遇，"互联网+"是百年不遇的机遇，人工智能是500年不遇的机遇，区块链是千年不遇的机遇。人工智能提升生产力，区块链改变生产关系；4G提升生产力，5G改变生产关系。投资就要投资那些可以做大的行业或企业。做加法可以做大，做乘法可以做大；线上可以做大，线下可以做大；"走楼梯"可以做大，"坐电梯"更能做大。

除了国家战略新兴产业，21世纪有五大赛道值得我们关注：人工智能、基因编辑、区块链、大健康和新能源。人工智能的战场在硅谷，基因编辑的战场在波士顿，区块链的战场在华尔街，新能源和大健康的战场在中国。

5. 优势的核心竞争力

中国500强企业的创始人或CEO80%是做营销出身的，世界500强的CEO80%都是做资本运营出身的。中国未来的企业家或CEO一定是懂得资本运营的营销专家。

从资本的角度看商业模式，风险投资要求企业盈利可持续、成长可持续。企业要做到可持续发展，需要具备4个关键要素。

（1）品牌

没有一个产品或者一项技术可以养企业一辈子，只有品牌可以养企业一辈子。企业品牌战略要与资本战略相结合，企业的定位战略一定要与资本相结合，如果不结合，企业就很难上市，就像香飘飘奶茶3次被证监会否决一样。企业家要明白，企业如何成长和品牌如何成长是两回事。例如，全聚德就应该赚品牌的钱，但是全聚德如何做大呢？可以靠并购，比如并购一些相关的有一定知名度的企业，学习宝洁和LV集团的多品牌并购模式。并购的钱从哪里来？可以从融资来。但是怎样才能

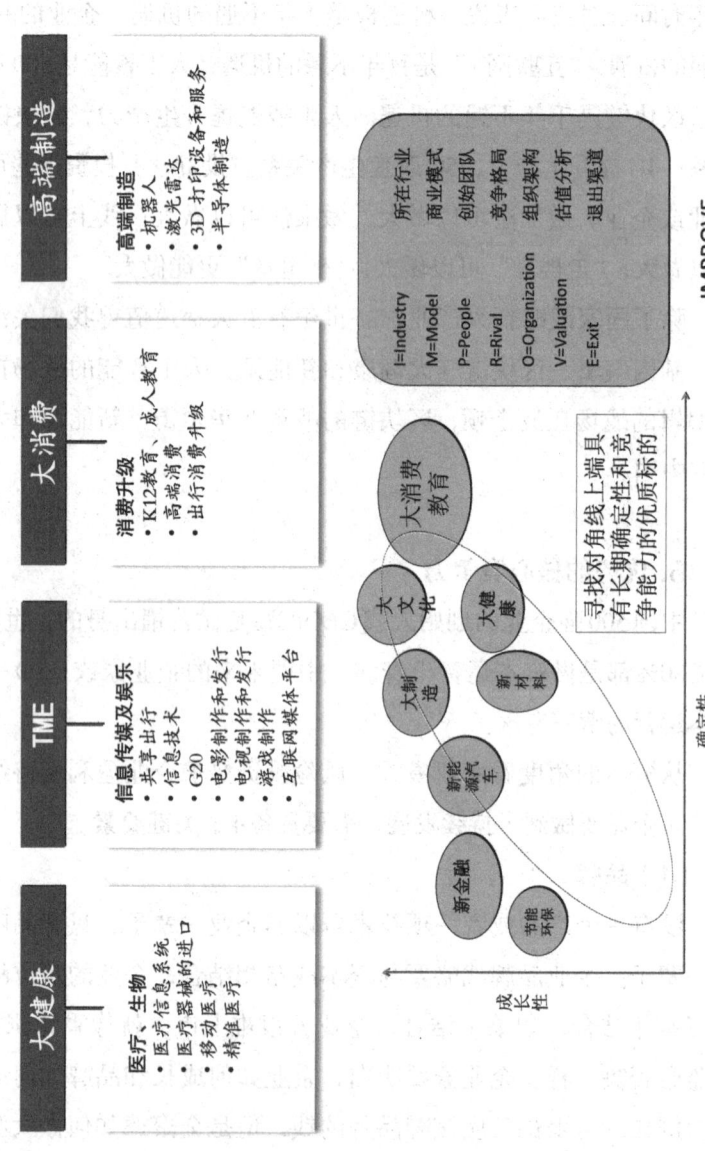

获得融资呢？这就要求企业的商业模式具备可持续性。例如优势资本投资匹克运动、安踏体育、雷士照明，这些企业都是以品牌作为核心竞争力，最后成功上市的。

（2）"一生一世"的生意

"一生一次"的生意赚钱，"一生一世"的生意值钱。什么值钱？股权值钱。优势资本投资达安股份、数字政通、御银科技、恒丰信息，都是将企业从"一生一次"的收益，变成了"一生一世"的收益，最后使投资获得了巨大的回报。投资后的管理很重要，但让企业可持续盈利更重要。

（3）互联网+经营人群

传统的企业物以类聚，未来的企业人以群分；传统的企业经营产品，未来的企业经营人群。在中国，拥有持续性用户的企业的股权，比拥有产品技术创新的企业的股权更有价值。要么做超级产品，要么做超级渠道；或者成为超级产品的股东，或者成为超级渠道的股东。中国企业家擅长做超级渠道，美团、阿里巴巴、微信其实都是超级渠道；美国企业家擅长做超级产品，特斯拉、微软、苹果都是超级产品。

（4）掌控上、下游产业链

优秀的企业，应该掌控着上、下游产业链，同时，掌控着专利和团队。例如优势资本投资的澜起科技、微盟、海鸥食品，都是全产业链企业。

6. 优势的商业模式

企业要获得长足发展，最重要的是拥有优势的商业模式。后面会介绍15种商业模式，这15种商业模式企业用得越多，就越容易获得融资。看别人的模式，找自己的机会，让一部分企业先看到未来。关于更多商业模式的内容可以参考笔者的其他两本书《新商业模式创新设计》《资本与商业模式顶层设计》。

7. 优势的持续性和成长性

投资机构最关注的是企业的盈利是否可持续、成长是否可持续。最好的情况就是企业在成长，行业在成长，行业的上下游都在成长。优势资本投资的分众传媒、雷士照明、中宇卫浴上市时都非常成功，获得了大额融资。为什么？因为这些企业、企业所在的行业、上下游产业链，它们都在成长。优势资本告诉股民，投资这些企业，就是在投资中国未来10年的经济，从而获得了境外投资人的认可。

8. 优势的团队构成

优势的团队构成：市场动作团队、技术研发团队、线上动作团队、资本运营团队。

天使轮投资是投人，A轮投资是投产品，B轮投资是投数据，C轮投资是投收入，D轮投资是投利润。投资机构每一轮投资的重点都不一样。

9. 客户是谁？

如何获取客户、如何留住客户、如何提升客户每次消费的金额、如何提升客户消费的频率,是所有企业都关注的问题。客户分为很多种类型,企业要明白自己的客户是谁。B端客户是指经销商或渠道,或者城市合伙人;C端客户是指消费者;G端客户是指政府或国有大中型企业。

10. 盈利点在哪里?

对于企业来说,需要分清楚自己产品的类型,哪些是宣传的产品、哪些是赚钱的产品、哪些是值钱的产品。

麦当劳宣传的产品是汉堡、蛋挞,赚钱的产品是可口可乐,值钱的产品是全球房地产的租金。联邦快递宣传的产品是隔夜到达,赚钱的产品是第三天、第四天、第五天到达的业务,值钱的产品是它在全世界的物流系统。老板公司宣传的产品是大吸力油烟机,赚钱的产品是燃气灶等关联产品,值钱的产品是它的品牌。

宣传的产品用于获取消费者、经销商的眼球,赚钱的产品可以用来培养渠道和团队,值钱的产品用于融资。现在市场上有很多不懂资本的管理专家,给企业做一个SWOT分析,把值钱的产品砍掉,结果企业再也无法获得融资。

这里要告诫大家,如果一家连锁企业想学麦当劳赚房地产的钱,就上不了市,麦当劳在上市成功以后才开始靠房地产赚钱。学习世界500强企业的商业模式,不可能成为世界500强企业,只有学习世界500强企业成功之前的商业模式,才有可能成为世界500强企业。

11. 未来企业如何转型以及需要克服的问题

如今,许多关于人工智能的企业都不赚钱,中国的体育产业大都不赚钱,但它们却很值钱。值钱的企业如何才能赚到钱?赚钱的企业如何才能做到可持续赚钱?如何做并购,以及应该并购什么类型的企业才能促进企业的发展?企业家一定要用投资思维做企业,而不是用投行思维做企业。

中国的独角兽企业大概有200多家,笔者认为三分之一都不值得投资,或者投资风险很大。像有些值钱的企业营业额仅2亿元,估值却达70

亿元，这样的企业优势资本坚决不投。但是大量没有经验的投资者却去投资了，让我们拭目以待结果吧。

» 第二节
15种商业模式

本节将以案例的形式介绍不同的商业模式。其他的商业模式案例可以在笔者18小时的"新资本商业模式创新设计"在线课堂里面看到。

一、"加码"模式

美国忠实航空、通用电器、御银科技、三个人的旅游公司、益生康健、劲道健身俱乐部等企业均使用该商业模式。

【御银科技】 御银科技把ATM机卖给银行，卖一台就少一台，盈利不可持续，成长不可持续。红杉资本没有给它投资，优势资本却给它投资了，并帮助御银科技完成了商业模式转型。首先，它没有将ATM机卖给银行，而是送给银行，最后靠银行的客户来赚钱。银行的客户存100元钱，御银科技便抽3分钱，取100元钱也抽3分钱，不过每一天的前50笔交易才抽钱。以前它赚的是银行的钱，现在它赚的是银行客户的钱。以前是"一生一次"的生意，现在变成了"一生一世"的生意，"一生一次"的生意让你的公司赚钱，"一生一世"的生意让你的公司值钱。优势资本只给御银科技投资了1260万元，第二年御银科技就在中小板上市，优势资本获得了大概13倍的回报。

高科技/IT类 —— 御银科技

从ATM制造商到ATM机运营维护商的转变

- ATM机制造商：银行的成本中心
- ATM机运营商：银行的利润中心

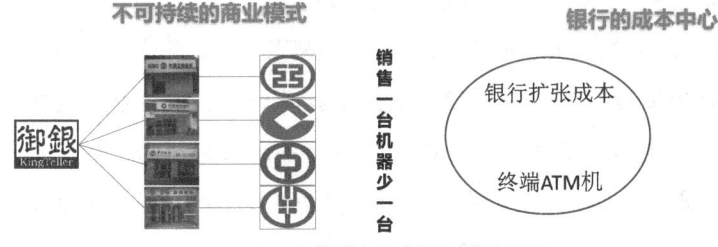

不可持续的商业模式

销售一台机器少一台

银行的成本中心

银行扩张成本
终端ATM机

市场空间容量和增速有限

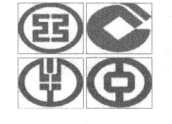

可持续的商业模式

银行的盈利中心

银行先期无须支付ATM机的购买金额；
ATM的成本及维护都是由御银承担；
只有ATM盈利的时候，银行才和御银分成。

资本市场

- 优势资本投资1260万元；
- 御银第二年在中小板上市，融资额约3.5亿元；优势资本获得约13倍的回报。

市场空间很大

御银支持银行的扩张；
此模式受到大量中小银行的欢迎；
领先的模式清除了ATM成本这个阻碍。

业绩增速迅猛

2006	2007	2008	2009	2010（年）
136,912,319元	244,400,589元	344,349,899元	452,715,170元	468,199,458元

二、创造"利益共同体"模式

索马里海盗、降落伞公司、日本"女婿+养子"就是采用这种商业模式。

三、"消费者+股东"模式

采用该商业模式的公司有：云放茶园、沈阳贵族幼儿园、M1NT亿万富豪俱乐部、翠蝶咖啡。

【云放茶园】 笔者的公司投资了一个茶园，从经营茶叶转型为经营要喝茶的人群，做茶叶行业里面的"瑞幸咖啡"。对于星巴克咖啡来说，具体谁买了星巴克咖啡，星巴克咖啡并没有真实的数据，但是谁买了瑞幸咖啡，公司都知道，这就是"互联网+"的魅力。

"小罐茶"的名气很大，但是谁买了"小罐茶"，公司是不知道的，这就是典型的传统经营模式。小罐茶赚到了品牌的钱，但目前还没有赚到资本的钱。云放茶园不仅卖茶，还经营要喝茶的人群。购买者买云放茶园一亩地，大概需要5万元；每一亩地年产200斤茶叶，每一年返给每位购买者100斤茶叶，连续返40年，茶叶总价值60万元。也就是说，价值60万元的正宗茶叶，现在只需要5万元就可以买下来。卖一亩茶园5万元，卖1万亩就是5亿元，这就有了1万个消费者、1万个茶园持有者（有

云放作为高端私人茶园运营商，我们有更严苛的选择标准

更多原生生态美食，根据节令，不定期尝鲜……

林权证）、1万个推销员（而且是免费的推销员）。真正做到了众筹、众包、众销、众创。最后云放茶园赚了5笔钱：

（1）土地的差价；（2）茶叶的差价；（3）股权增值的差价；（4）农业旅游观光的收入；（5）政府的补贴。

更重要的是，云放茶园成功转型为"农业＋互联网金融"，拥有了资本价值（股权增值的价值），将农业资产证券化。

四、全产业链模式

采用全产业链模式的企业包括田野农业、海鸥食品、塞飞亚鸭子、三江源虫草、雷士照明、中宇卫浴、阿里金融等。下图是海鸥食品的商业模式。

农业/消费类 —— 海鸥食品

简单的贸易型企业向上下游一体化的垂直业务模式转型
- 深挖核心资源优势
- 拓展垂直业务覆盖
- 强化企业品牌价值
- 人才资源的整合

业务模式——整改前

鱼等成品 → 直接收购 → 国外经销商 → 消费者

业务模式——整改后

鱼苗/饲料 → 养殖 → 粗加工/精加工 → 销售渠道 → 消费者

- **贸易行为**：企业主要以鱼类等海洋水产品的销售为主；向渔民、小养殖场等直接收购鱼等成品，然后直接销售给国外经销商，是单纯的贸易行为。
- 企业不做养殖，且没有饲料、鱼苗等稳定的上游资源，无法保证鱼等海洋水产品的充足供应；同时也没有掌握销售渠道，不具有符合资本市场的成熟的盈利模式。

- **上下游一体化的垂直业务模式**：着手组织建设优质鱼种库，培育优质鱼苗；与日本某株式会社合作研发高营养鱼饲料；建设"农户+养殖"的合作化养殖基地；部分海洋水产品做粗加工处理，冷冻销售，同时积极开发深加工产品；除了通过经销商将产品销往国外，企业着手建立自有销售渠道。
- 掌握上游核心资源；保证产品质量；同时控制销售终端，逐渐形成市场品牌；实现企业价值沉淀。

核心竞争力——整改前

符合国际化标准的高品质水产品是企业核心竞争力，但其简单的贸易行为决定了该优势不具有可持续性；除此之外，企业没有其他方面较强的核心竞争力，缺乏资源壁垒或市场壁垒，企业在行业内并未拥有较高的竞争门槛。

核心竞争力——整改后

- 核心资源优势
- 品牌优势 —— 强化了企业品牌的市场影响力，品牌价值得到提升；塑造了良好的企业形象和市场口碑，向更具有价值的水产品消费品牌迈进。
- 成熟的市场营销渠道
- 优秀的管理团队 —— 以原创始人团队为核心，组建了管理高效、执行能力强的运营团队，以保证企业业绩快速、高效增长。
- 巨大的市场规模优势

建上游 → 建下游

建上游
1. 合作社：5个1000万元
2. 鱼苗：2000万元
3. 自建饲料厂：2000万元
4. 海权（20年/1000万元）

建下游
5. 渠道：
   1) 对外的渠道
   2) 对内的渠道（加盟、直营、托管）

- 4000万元×5PE=2亿元（以前的估值）
- 6000万元×15PE=9亿元（现在的估值）
- 8000万元×50PE=40亿元（上市以后的估值）

1. 资金投资LP：1500万元；
2. 融资：2亿元；
3. 智力投资（商业模式、资本运营、市值管理、股权激励）GP：6%的股权。

五、工程模式

采用该模式的企业和项目主要有：万达广场、重庆天子之歌、全国最大农业旅游观光鲁班模式、政府招商基金模式。

【政府招商基金模式】 政府旗下的平台企业与优势资本发起招商基金（10亿～30亿元，政府出资80%左右，优势资本出资20%左右），投资当地好的产业。优势资本目前已经与国内十几个地方政府旗下的平台企业，成立了投资近50多亿元的产业招商基金。

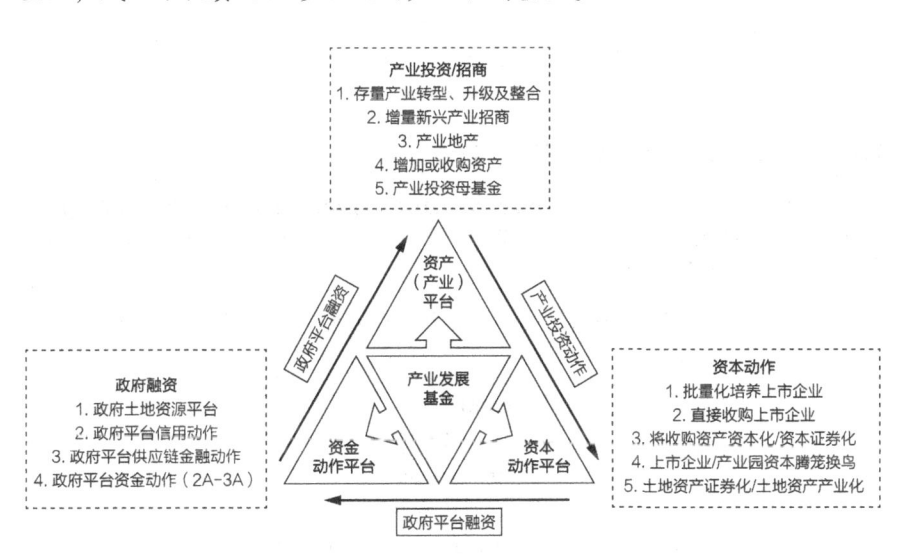

产业投资/招商
1. 存量产业转型、升级及整合
2. 增量新兴产业招商
3. 产业地产
4. 增加或收购资产
5. 产业投资母基金

政府融资
1. 政府土地资源平台
2. 政府平台信用动作
3. 政府平台供应链金融动作
4. 政府平台资金动作（2A-3A）

资本动作
1. 批量化培养上市企业
2. 直接收购上市企业
3. 将收购资产资本化/资本证券化
4. 上市企业/产业园资本腾笼换鸟
5. 土地资产证券化/土地资产产业化

中心三角：资产（产业）平台、产业发展基金、资金动作平台、资本动作平台
箭头标注：政府平台融资、产业投资动作、政府平台融资

案例1：政府融资平台信用评级

江苏某地级市 2015年9月
成立江苏XX环保科技有限公司并在上海成立子公司进行大宗商品供应链业务，当年完成营业收入30亿元。母公司合并报表完成AA评级帮助其在资本市场进行标准（发债）和非标（信托）融资、银行供应链授信贷，以及租赁融资共50多亿元。将该平台一步一步打造成目前总资产200多亿元的省级园区公司。目前，已完成收购的上市公司正在向资本证券化阶段发展。

某省级平台 2016年12月
与某省级平台XX国有资本运营有限公司合作成立上海XX实业有限公司，2017年完成营业收入88亿元，母公司合并报表（当年母公司总收入超过100亿元）占80%以上，帮助母公司通过信托、华融资产等金融机构融资30亿元。为母公司申请AA+评级打下良好基础。

河南省某百强县 2017年2月
与该平台下属子公司开展大宗商品供应链业务，完成业务收入30亿元，协助平台以AA评级在资本市场融资。

某地级市 2018年12月
与该地级市最大的城投平台之一成立上海子公司，开展大宗商品供应链业务，完成业务收入30亿元。大大改善平台非政府业务收入。夯实公司AA评级，平台通过国内债券（可通过中债增等公司增信债项评级）、海外美元债、信托融资租赁，以及通过获取贸易项下银行授信，为企业融资。

案例2：做大龙头企业，带动智慧城市产业链发展（苏州）

围绕苏州市政府打造智慧城市产业发展的规划，通过股权投资产业龙头企业，做大区域总部，并与上市公司共同设立产业发展基金。投资扶持产业链上的成长型企业，并借助龙头企业的销售网络，进行全国扩张。促进链上企业的快速发展，最终实现IPO或纳入上市企业。

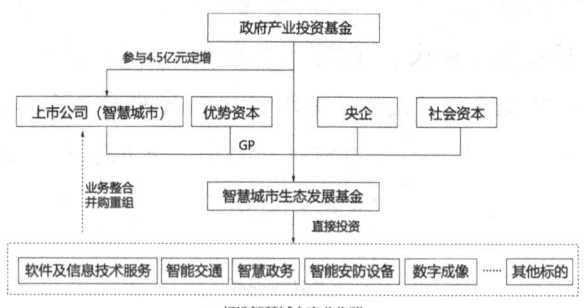

```
                          政府产业投资基金
                    参与4.5亿定增 │
        ┌─────────────┬──────────┼──────────┬──────────┐
   上市公司（智慧城市）    优势资本        央企        社会资本
        │                 GP
        │业务整合         │
        │并购重组    智慧城市生态发展基金
        │                 │直接投资
        └─────────────────┤
   ┌──────────┬──────────┬──────────┬──────────┬──────────┐
 软件及信息   智能交通   智慧政务   智能安防设备  数字成像   ……  其他标的
 技术服务
              打造智慧城市产业集群
```

案例3：引进龙头企业，推动人造板产业整合（临沂）

在临沂市政府的总体领导和产业政策的引导下，聚合优势资本的人造板产业资源和资本，配合政府的人造板产业发展规划，以资本带动人造板产业龙头企业和产业资源的引入。通过推动产业链优化和提升产业效率，形成规模效应和示范效应，助力临沂市人造板产业的良性发展和可持续发展。

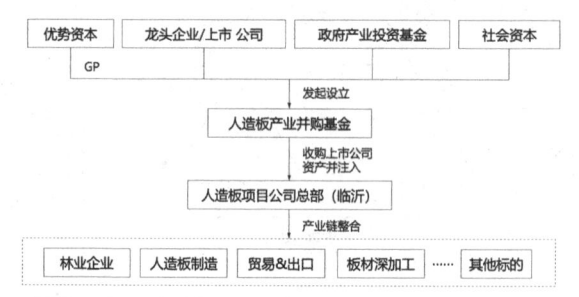

```
   优势资本      龙头企业/上市公司      政府产业投资基金      社会资本
      └─────────GP──────┘               │
                        │发起设立
                    人造板产业并购基金
                        │收购上市公司
                        │资产并注入
                  人造板项目公司总部（临沂）
                        │产业链整合
   ┌──────────┬──────────┬──────────┬──────────┐
  林业企业   人造板制造   贸易&出口   板材深加工   其他标的
```

- 短期目标（2~3年）：营收规模超过40亿元，净利润达到4.5亿元；
- 中、长期目标（5~10年）：营收规模达到200亿元，净利润超过25亿元。

案例4：通过基金投资，扶持园区成长型企业和引进全球优质项目

对老的产业园区进行重新规划，依据新规划对不符合园区规划的企业进行剥离。通过股权投资，支持园区内有潜力的企业快速发展。同时，从外部引进有核心技术和发展潜力的企业入驻园区。

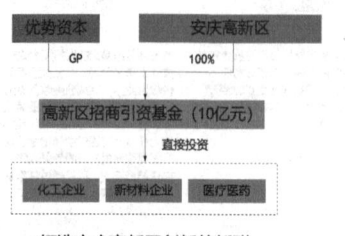

```
   优势资本    安庆高新区              优势资本    邹城国资平台
      └GP────┘ 100%                    └GP────┘ 90%
           │                                │
   高新区招商引资基金（10亿元）         高新产业招商引资基金
           │直接投资                        │直接投资
   ┌───────┼───────┐              ┌───────┼───────┐
 化工企业 新材料企业 医疗医药         智能制造 电子信息 生物医药

   打造安庆高新区创新总部群           为邹城打造新兴产业集群
```

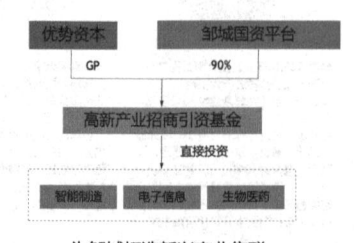

案例5："泉州模式"——批量化培育上市企业

与地方政府合作的"泉州模式"

截至2005年年底，泉州上市企业尚不足5家。这些上市企业作为泉州经济发展的亮点，为当地经济繁荣做出了突出贡献。然而，优势资本认为泉州市这片民营经济特区的热土，依然有相当多的有条件的企业尚未打破传统发展理念或缺乏丰富的上市运作经验，而错过了上市时机或延误了上市进度，从而在一定程度上影响了泉州快速发展的步伐。

2007年，优势资本与当地政府联合成立"泉州品牌企业投资与上市促进中心"，由优势资本负责运作，为泉州优秀民营企业的投资、融资和上市提供系统化、专业化的辅导、支持，从而为其高速发展提供一个更好的专业平台和上市通道，并成功在资本市场打造了驰名中外的"泉州模式"。

泉州模式：从原来做OEM产品转向建立自有品牌和建立国内销售网络，引入优势资本的金融服务之后，三年时间上市企业超过60家。

- ◆ 泉州制鞋业：安踏，特步，361度，匹克，鸿星尔克……
- ◆ 泉州制衣业：七匹狼，利郎，柒牌，劲霸，九牧王……
- ◆ 泉州食品业：达利食品，雅克，盼盼食品，福马……
- ◆ 泉州卫浴业：九牧卫浴，中宇卫浴，深鹭达，辉煌卫浴……

优势资本通过培养行业内三四名的企业融资上市，反向促进行业内前两名的企业对接资本市场，从而推动整体行业的快速发展。

中国经济发展表明，好的商业模式才是企业基业长青的坚实基础。以外向型经济为代表的"东莞模式"和以低成本经济为代表的"温州模式"已在历次金融危机中逐渐消亡。

案例6："广东模式"——批量化培育上市企业

通过整合家电供应链，批量打造电器行业的上市企业。

深圳市良辉科技有限公司成立于2006年，专注于漏电保护产品的生产，但早年发展经营不善，年销售在1000万元左右，存在大量的债务问题。2014年，运用产业供应链整合的方法调整了良辉科技的运营情况：

1. 债务重组，为企业减负，让企业能够轻装上阵，同时提供融资服务，解决企业运营资金问题；
2. 利用家电领域的分销网络资源，通过整合国内排名前列的经销商成为良辉的股东，同时借助经销商的关系打通了几大品牌商，集中采购良辉的产品，有计划地增加良辉的营业收入；
3. 利用供应端的资源优势，给予良辉良好的账期，缓解良辉的资金周转压力；
4. 专利植入，整合漏保专利和管理、研发团队；
5. 扩大规模，建设新的自动化生产线，生产效率从72人/400个提升到42人/960个，合格率从81%提升到99.8%；
6. 打造新产品线，扩充美式漏保产品线，提高盈利水平；
7. 围绕良辉供应链体系，利用供应链金融工具，打造百亿元流水。

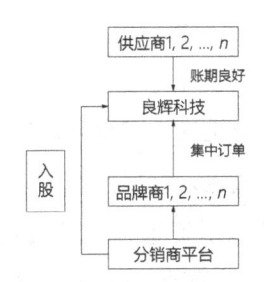

时间	2014年	2015年	2016年	2017年	2018年
营收（万元）	1000	7000	15000	28000	36000

下面列举了地方政府招商引资的8种模式。

（1）政府成立母基金或并购基金（青岛市、安庆市、赣州市）

由市财政、区财政、县财政、当地的国有平台企业组建母基金，交由主流资本进行管理，主流资本管理的母基金再和全国优秀的企业组建子基金。资金大多数被投资在当地，尤其是全国优秀的企业注册在当地，纳税在当地。企业盈利可持续，政府的税收才可持续。如果政府自己成立母基金和全国优秀的企业合作，成功的概率很低，因为只有圈内人才能管理好圈内人。

目前所谓的地方政府引导基金出资20%～30%，让投资公司出资70%～80%的模式已经成为过去。因为愿意接受这种模式的投资公司，都是水平偏弱的投资公司。

安徽省安庆市与优势资本合作了10亿元的招商基金，让全国优秀的企业注册在安庆，纳税在安庆，企业盈利可持续，政府税收也可持续。安庆市旗下的平台企业出资10亿元做LP（Limited Partner，有限合伙人），优势资本做GP（General Partner，普通合伙人）。如果当地没有合适的投资项目，就把全国各地优秀的企业吸引到安庆注册，把资金投资到当地的新企业里。

（2）与全国200家风险投资机构合作（厦门市某区）

全中国最好的企业和项目都在风险投资机构手里，政府招商引资，谈400个项目，能成功的并不多。现在有些地方的政府开始通过风险投资机构进行招商引资，一个风险投资机构每年手里至少有10～20个好企业。有些地方的政府联系了几十家风险投资机构，每家风险投资机构一年推荐2～3家企业落地，总数量就非常可观了。

（3）大型企业家商学院高端论坛（《商界评论》与长江商学院等国内23家大型企业家商学院合作通过论坛模式招商）

现在通过高端论坛进行招商引资也是一种模式。比如，在一年学费20万元以上的企业家商学院里，那些企业家的企业的年营业额大都在2～10亿元。通过企业家商学院和地方政府组建高端论坛，可以精准招商。因为这些企业和企业家已经被企业家商学院筛选过了。

（4）收购上市企业股权（蔚来汽车+合肥模式）

合肥市政府通过国有平台企业向蔚来汽车做定向增发，收购蔚来汽车部分股权，然后在合肥落地，做一个大型的整车厂。所以，合肥市政府被誉为最具备风险投资能力的地方政府。

（5）成立上市企业（独角兽）全资子公司（数字政通+苏州模式，新能源汽车+长寿模式）

地方平台企业出资，投资到上市企业主体（独角兽主体），再由上市企业主体把资金返投回当地，成立全资子公司。

例如，重庆市长寿区引入某新能源汽车的模式，区政府拥有母公司股权。

① 重庆市长寿区在第一阶段通过投资基金按照约40亿元的投前估值投资贵安某新能源汽车3亿元，持股6.91%。贵安某新能源汽车投资3亿元成立长寿新能源汽车子公司，贵安某新能源汽车持有长寿新能源汽车子公司100%的股权。

② 债权投资支持。根据协议，重庆市长寿区在第二阶段为该新能源汽车公司提供2亿元的债权投资支持。

③ 供应链金融支持。除股权投资及可转债投资外，重庆长寿区还为该新能源汽车提供了供应链金融支持，可以为其经销商提供贷款。

（6）招商引资+赠送产品

比如，某企业投资当地政府1亿元，当地政府返给企业1亿元的产品，产品可以是酒、茶、地、农产品等（可以分20年执行）。

（7）为地方政府建立第三方金融服务平台（泉州模式、菏泽上市促进中心）

优势资本2007年与泉州市合作时，泉州市只有5家上市企业。到2013年年底，优势资本为泉州市孵化出了72家上市企业。在短短的几年之内，泉州市的GDP超过了许多城市。优势资本为泉州市建立了第三方金融服务平台。第一，在资本理念上改变了当地企业家的思维。第二，实现了机制上的创新。第三，引入了大量的资金。优势资本的投资接近20亿元，泉州市的企业上市融资高达350亿元左右。2009年美国次贷危机来临时，国内很多地区的企业倒闭了，但是泉州市的企业却持续盈利。因为泉州市的企业和资本市场实现了对接，变得既赚钱又值钱。

(8) 岂能汽车模式

岂能汽车是由成都市城投公司参股的公司，成都城投公司每年采购部分岂能汽车，用作类似神州租车的业务。岂能汽车成都城投公司每个月将租车的收益进行分成。岂能汽车与全国各地的政府平台企业组建子公司进行新能源汽车运营业务。虽然国内的新能源汽车企业卖车基本都不盈利，但是新能源汽车的租车业务是可持续盈利的。

六、转型模式

采用转型商业模式的企业包括数字政通、喜临门床垫、田野农业、艾格菲饲料、匹克运动、华谊兄弟、香麝丽传媒、博润酒精、行家。

【匹克运动】优势资本投资了匹克运动。第一轮，优势资本投资了600万美元；第二轮，红杉与深创投投资了4000万美元；第三轮，联想与建银国际投资了6000万美元。2009年9月，匹克运动在香港上市。安踏体育目前市值2000亿元左右，匹克运动上市时市值约41亿元。匹克运动以前只做OEM代工，高利润、低价值，企业赚钱但是不值钱。我们要提升它的资本价值、股权价值，让它有品牌。匹克跟耐克有什么区别？耐克做休闲运动鞋，匹克做专业运动鞋；匹克走三、四线城市渠道，耐克走一、二线城市渠道。这样一个企业，用了短短4年，成为中国运动鞋企业的第一股。因为匹克运动用融资的钱建设品牌和渠道，4年内匹克运动开了6000多家店。

一个企业的商业模式、股权激励、人力资源战略、KPI考核、营销模式全部都要符合资本的要求，才会形成闭环。其他更多类似的案例，可以参看笔者的最新视频讲座"新资本商业模式创新设计"。

匹克运动案例：OEM 向 OBM 转型

业务模式——整改前

国际品牌 → 委托加工 → 国际品牌 → 消费者

业务模式——整改后

自有品牌 → 产品设计 → 订货 → 内部生产/委托加工 → 质量控制 → 中国分销商/第三方分销商 → 授权零售店 → 消费者

有价值、具有核心竞争力、可持续扩张的企业

品牌——企业的核心价值

- **代工厂随时可能倒闭**：代工厂需要依附于"品牌"生存。
- **盈利无法预期**：由于单价由"品牌"定，汇率、工资、能源等因素会直接影响企业的盈利情况。
- **品牌的价值可不断增强**：随着时间的积累，品牌的价值不断积累，凝聚力也越来越强。
  - 已有的消费者、代工厂、经销商等更紧密地依附。
  - 新的消费者被吸引到品牌周围。
- **定价权**：产品价格由品牌根据需求制定，上涨的成本可以传递给消费者，从而保证企业的稳定持续发展。

终端店扩张

匹克运动案例：OEM 向 OBM 转型

第一轮：业务战略转型

优势投资600万美元，企业估值8000万美元
（2007年5月）
- 品牌塑造
- 商业模式的规划
- 通过议价方式对渠道进行收购整合

第二轮：调试、扩张阶段

红杉与深创投投资4000万美元，企业估值10亿美元
（2007年10月，市值提升12.5倍）

第三轮：扩张阶段

联想与建银国际投资6000万美元**（2009年4月）**
募集资金17亿港元，远超预期**（2009年9月）**
投资后
收入：2006—2009年业绩增长率100%
净利润：2009年净利润5亿多元，增速超过110%

1. **准确的市场定位**：二、三线巨大的专业运动鞋市场

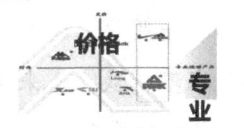

   价格 / 专业

2. **专业运动品牌塑造**：专业运动员、团队＋顶级赛事

3. **快速扩张的商业模式**：单店＋店数＋品种
   复合增长
   - 单店：推动销售量增加（加强品牌及产品专业化程度）
   - 店数：不断增加新店
   - 品种：利用品牌的定位向其他运动产品扩张
   复合增长率 **32.55%**

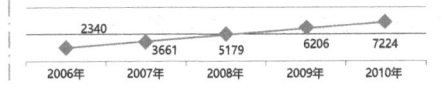

   匹克运动零售店数量（家）
   2006年 2340 / 2007年 3661 / 2008年 5179 / 2009年 6206 / 2010年 7224

七、"聚焦"模式

采用该商业模式的企业包括玩具反斗城、阿尔迪食品、谭木匠、姗拉娜、丰田、安利。

所谓"聚焦"模式，就是让企业的优势更聚焦，在行业中更有影响力。

需要强调一点，未来的许多企业会是"宝洁资本模式"和"法国LV集团的资本模式"。企业通过聚焦模式做一个品牌，然后并购其他企业的品牌，获得它的利润、渠道和用户。中国未来一定会出现这样的巨无霸企业。

目前很多值钱的上市企业，年营业额只有3～4亿元，市值却高达100亿元。并购可以让企业的营业额达到20亿元，市值达到500亿元。

八、"产品＋股权"模式

采用该商业模式的企业包括冈本安全套、百丽鞋业、布法罗鸡翅酒吧、明丰钻石、金大田智能木门。

【金大田智能木门】 金大田智能木门公司的商业模式，就是向经销商卖产品、送股权。经销商买木门，既有一份差价，又有一份股权。这个股权现在不值钱，未来企业上市，或者被上市企业并购的时候就值钱了。实行股权政策后，该企业年销量涨了3倍。

但是，把经销商、客户、供应商作为股东，是严重的关联交易。这种模式在投资银行、会计师、律师那里是过不去的。理论上关联交易的股权比例不能超过5%，但实际上证监会在审核的时候，最好是1%的关联交易比例都不要有。

那么怎么解决这个问题？在股改之前，需要有一个私募基金把经销商的股权买过去。也就是说，经销商的股权在股改之前就实现了退出。落地的方案就是与经销商、私募股权基金签订的三方协议。

九、"主业＋投资"模式

采用该模式的企业和投资机构包括阿里巴巴＋合一资本、小米＋顺为资本、复星集团＋复星资本、中路股份＋中路资本、联想集团＋弘毅资本。

请看本书实战案例里面的"复星医药"部分。

十、"创造类别第一"模式

【58个行业品类的变化趋势分析】

汽水——格局依旧

品牌	品牌偏好度
• 可口可乐	15.03%
• 百事可乐	4.77%
• 雪碧	4.64%
• 屈臣氏	2.53%
• 怡泉	1.54%
• 名仁	-0.56%
• 黑松沙士	-0.85%
• 乐天	-1.55%
• 健力宝	-2.53%
• 娃哈哈	-7.44%

榜单排名没有太大变化,你可以把这视作可口可乐的努力得到的成果,毕竟它一直尝试在营销上玩点新花样。百事可乐和康师傅合并之后,在营销上没有做太多投入,消费者对它的推荐比例依然排到第二,但长此以往,品牌影响力会越来越弱。前五名中,屈臣氏的失望比例最高,光有包装但是不改良口味,未来消费者也会流失。

手冲咖啡——不要平庸

品牌	品牌偏好度
• 星巴克	29.76%
• 漫咖啡	3.27%
• Costa	2.58%
• Zoo	1.50%
• illy	1.23%
• 湃客	-0.95%
• 咖啡陪你	-2.58%
• 麦当劳	-3.26%
• 上岛	-5.43%
• 肯德基	-5.57%

还没有品牌能够撼动星巴克的地位,它的咖啡口味不一定是最好的,但是品牌理念、服务、升级版的甄选咖啡,以及在中国已经开设的2800多家门店,让它处于遥遥领先的位置。全家旗下的湃客咖啡依靠性价比和便利优势超过了肯德基、麦当劳的咖啡,排在了第6名。

速溶及即饮咖啡——雀巢让位

品牌	品牌偏好度
• 星巴克	25.41%
• UCC	1.89%
• illy	1.89%
• 旧街场	1.35%
• 雀巢	1.08%
• 麒麟	-0.68%
• 大卫之选	-0.81%
• 可比可	-1.22%
• 雅哈	-1.76%
• 乐天	-9.60%

星巴克第一的排名得益于它的整体品牌影响力。UCC和illy的蹿升则显示出了消费者的心理——既然分不出咖啡口味的好坏,品牌能否给我带来美好幻想便至关重要。雀巢的失望比例为7.03%,原因就像我们之前提到的概念一样:平庸是品牌最大的敌人。

啤酒——小众依旧小众

品牌	品牌偏好度
• 青岛	7.37%
• 百威	7.06%
• 哈尔滨	4.77%
• 科罗娜	3.32%
• 雪花	2.45%
• 时代	0.00%
• 酿酒狗	-0.87%
• 蓝带	-1.01%
• 珠江	-1.02%
• 燕京	-1.74%

　　大众啤酒品牌获得前五名中的4个席位。在媒体上，青岛获得的声誉要高于百威，这也可能是它超过百威重获第一的原因。科罗娜在百威集团资源投入下，排名进入了前五，但它存在的隐患是，小众品牌工业化生产后，曾经的忠实消费者对其品牌会失望。至于常年在榜单上垫底的珠江和燕京，你们可要好好加把劲了。

果汁饮料——新霸主诞生

品牌	品牌偏好度
• 味全	15.05%
• 椰树	9.69%
• 农夫山泉	5.62%
• 美汁源	1.15%
• 森美	-0.51%
• 欢乐家	-0.64%
• 特种兵	-1.91%
• 统一	-6.13%
• 乐天	-7.785%

　　这已经是味全连续4年获得果汁饮料品类的冠军。那些填词瓶、拼字瓶固然有趣，但最关键的还是这个产品的整体优势——包装简约、甜度适中、不到10元的价格也让人能承受。模仿它的农夫山泉和零度果坊与味全相比依然有差距，想要突围必须要找准自己独特的优势。再看看统一的鲜橙多，如果品牌没有任何改变，那只有等着被市场淘汰。

茶饮料——最凶险的竞争

品牌	品牌偏好度
• 维他	7.41%
• 茶π	4.99%
• 三得利	4.13%
• 小茗同学	3.42%
• 伊藤园	3.28%
• 统一	-1.00%
• 天喔	-1.00%
• 东方树叶	-1.57%
• 阿萨姆	-1.71%
• 海之言	-2.28%

　　最激烈的战场莫过于此，2018年还因营销和渠道的大力投入冲上榜首的茶π被维他比了下来，2015年风光无限的海之言则跌到了末尾。消费者在这一品类上的兴趣变得实在太快，无论哪方面的大力投入都得不到他们的长情。

功能饮料——常规品牌跌落

品牌	品牌偏好度
• 养乐多	30.83%
• 农夫山泉	6.08%
• 宝矿力水特	5.08%
• 脉动	4.01%
• 味全	1.74%
• 乐虎	-0.94
• 尖叫	-1.87%
• 和其正	-3.34%
• 崂山	-4.41%
• 东鹏	-4.68%

在这个品类中，乐虎在营销上投入了最多的资源，但是因为广告而愿意推荐它的消费者只有4.01%，失望比例则达到了2.94%。这让它跌出了前五的位置。高居榜首的养乐多和迅速蹿升的味全说明了功能性饮料的发展方向。脉动的推荐比例和宝矿力水特一样，失望比例却几乎是后者的两倍，它得小心了。

国内休闲零食——成功的套路

品牌	品牌偏好度
• 三只松鼠	15.84%
• 良品铺子	8.63%
• 百草味	3.54%
• 来伊份	2.83%
• 上好佳	2.69%
• 盼盼	-1.14%
• 徐福记	-1.98%
• 达利园	-2.54%
• 金帝	-2.83%
• 可比克	-4.66%

三只松鼠稳住了头名，而它的成功案例已经给本土零食品牌提供了一个套路——标准化产品。因为精致的包装和大力的营销，良品铺子和百草味排到了第二和第三名。需要提醒的是，有10%的受访者对三只松鼠表示失望。一个品牌在飞速发展时也要飞速提升产品质量，才能让人们对它保持好感。

国外休闲零食——生活方式的胜利

品牌	品牌偏好度
• 无印良品	12.97%
• GODIVA	6.42%
• 乐事	5.90%
• 白色恋人	3,27%
• 奥利奥	2.49%
• 品客	-0.92%
• 士力架	-1.97%
• 好丽友	-2.223%
• 德芙	-2.223%
• 乐天	-9.70%

谁能想到，排名第一的品牌会是不以零食为主业，甚至出了它的门店就很难买到它的零食产品的无印良品。无印良品是所有参评品牌里唯一喜欢比例达到10%以上的选手，这和它是否真的好吃、是否是零食里面健康的清流或许没有太大关系。当品牌作为一种生活方式被人认可后，消费者可以接受它的大部分产品，包括零食。

烘焙甜点——老牌的新菜

品牌	品牌偏好度
• 85°C	8.58%
• 好利来	4.56%
• 21cake	3.73%
• 红宝石	3.60%
• 原麦山丘	3.32%
• 稻香村	-1.39%
• 彻思叔叔	-1.93%
• 金凤成祥	-2.08%
• 克丽斯汀	-2.91%
• 面包新语	-4.01%

之所以连续两年调查烘焙品类，是因为我们认为这个品类能够体现年轻人新的生活方式。更新了品牌形象，也推出不少网红产品的好利来，以及行事低调的红宝石再次证明了好产品的力量。而曾经排名第二的面包新语，则因为产品质量、卫生状况的负面新闻跌到了谷底。

乳制品——新冠军诞生

品牌	品牌偏好度
• 味全	9.50%
• 光明	7.89%
• 明治	7.75%
• 伊利	3.61%
• 新希望	2.40%
• 雀巢	0.40%
• 欧德堡	0.27%
• 兰特	-0.26%
• 多美鲜	-0.67%
• 蒙牛	-2.54%

在这个领域，排名前三的企业都集中在华东地区，这和我们的样本覆盖有关系，也和产品本身的体验有关系。无论口味、理念和包装，味全、光明和明治都属于业内顶尖的品牌。伊利的潜力在它的影响力和渠道渗透上有自己的优势。最危险的莫过于体量庞大的蒙牛了。后牛根生时代，蒙牛还没有找到新的主心骨。

快餐——稳中求变

品牌	品牌偏好度
• 麦当劳	11.48%
• 汉堡王	8.98%
• 肯德基	2.63%
• 赛百味	2.48%
• 一风堂	2.34%
• 德克士	-1.79%
• 加州牛肉面大王	-1.79%
• 黄太吉	-1.93%
• 味千拉面	-3.59%
• 康师傅私房牛肉面	-4.69%

麦当劳和汉堡王胜出的原因并不相同。前者依靠数字化转型和产品升级，变身"金拱门"之后，在扩张和执行速度上变得更快。汉堡王则一直坚持自己的定位——主打牛肉产品，随着门店数量的增加，也让更多人认识到了它的不同。至于曾经大热的网红品牌黄太吉，这次排在了榜单倒数第三名，如果产品不过关硬把自己打造成网红，可能死得更快。

茶饮连锁店——新老交替

品牌	品牌偏好度
• 喜茶	15.60%
• 茶颜悦色	9.63%
• 卡旺卡	6.80%
• 弥茶	4.37%
• 彼此的茶	2.97%
• 快乐柠檬	-1.24%
• 50岚	-1.37%
• 四云奶盖贡茶	-3.19%
• 米芝莲	-3.32%
• CoCo都可	-5.24%

喜茶的排名并不让我们感觉意外。值得关注的是茶颜悦色这个品牌——在长沙起家、主打中式茶饮让它找到了自己的突破点。1点点的愿意推荐比例和失望比例只相差1.33%，这让它掉出了前十名，因此没有出现在这个榜单上。老牌奶茶快乐柠檬和CoCo都可都跌出了前五名。消费者都是喜新厌旧的，别让品牌资产变成自己的包袱。

瓶装水——品牌理念的魅力

品牌	品牌偏好度
• 农夫山泉	24.25%
• 巴黎水	5.60%
• 怡宝	5.59%
• 依云	3.73%
• 爱夸	3.26%
• 5100	-3.26%
• 崂山	-3.50%
• 康师傅优悦	-4.43%
• 哇哈哈	-8.93%
• 恒大冰泉	-9.42%

在这个品类中，产品之间的差异性几乎已经没有了。想要变成"高端水"就得靠包装，这也是受访者在这个品类产品的推荐理由中，选择设计的比例超过产品本身的原因。农夫山泉正好契合这个趋势，一位消费者对农夫山泉"大自然的搬运工"这个身份的认可，让他不只把它当一瓶水看，何况这瓶水的外包装还在不断更新。而这两者，都是排名靠后的品牌所缺乏的。

国外女性护肤选择——日系坐稳江山

品牌	品牌偏好度
• 资生堂	7.85%
• SK-II	7.73%
• CPB	3.93%
• 科颜氏	2.58%
• 雅诗兰黛	2.44%
• POLA	0.13%
• 雪花秀	-1.62%
• 玉兰油	-1.63%
• 倩碧	-2.71%
• 悦诗风吟	-5.69%

悦诗风吟在榜单排名垫底与中韩之间的紧张关系有关，但也说明，这个品牌一旦失去营销投入，单靠产品无法维系消费者对它的喜爱。今年排名前三的都是日系品牌，日本人对于品牌的钻研精神和在包装细节上下的功夫赢得了中国消费者的好感。

男士护肤——精致起来的男士们

品牌	品牌偏好度
• 资生堂	8.60%
• SK-II	8.19%
• 巴黎欧莱雅	5.46%
• 科颜氏	2.19%
• uno	2.04%
• 佰草集	-1.09%
• 相宜本草	-1.23%
• 悦诗风吟	-1.50%
• 御泥坊	-1.91%
• 李医生	-2.45%

渠道最广、营销力度最大的巴黎欧莱雅排名进入前三，意味着男士们也精致起来了。资生堂因为产品功效和高性价比成为他们的一大选择，而他们中甚至有不少人愿意像女性一样寻找更高端的产品，比如SK-II。"粉红经济"过后，是时候关注"粉蓝经济"了。

国外彩妆——微信公众号里的优等生

品牌	品牌偏好度
• 资生堂	7.01%
• YSL	4.76%
• 阿玛尼	3.44%
• M.A.C	3.44%
• 纪梵希	3.18%
• 植村秀	0.53%
• 娇兰	-0.40%
• 美宝莲	-4.10%
• 悦诗风吟	-4.23%
• 伊蒂之屋	-4.50%

这已经是资生堂继男士/女士护肤之后拿下的第三个冠军，消费者对它的认可不言自明。我们还发现，品牌偏好度名列前茅的彩妆品牌，都是在社交网络上美妆博主频频推荐的品牌。主动或者被动活跃在线上化妆教程里，是这个品类夺得先机的秘籍。

面膜——谁是你的梦想品牌

品牌	品牌偏好度
• SK-II	10.10%
• 森田药妆	5.85%
• 科颜氏	3.99%
• 兰蔻	2.39%
• 春雨	2.00%
• 膜法世家	0.00%
• 悦诗风吟	-1.06%
• 御泥坊	-1.06%
• 美即	-3.72%
• 一叶子	-5.18%

有理由相信，SK-II一系列广告宣传，以及使用者口碑传播都发挥了作用。鉴于这份问卷受访者的平均收入水平和平均年龄，我们有理由推断一些选择SK-II的人并没有用过它，而是把它当作"梦想品牌"。重营销而轻产品的一叶子和御泥坊，以及被大品牌收购后鲜有大动作的美即排名靠后。品牌和人一样，必须有不断变得更加优秀的能力，才能提高消费者对其产品的忠诚度。

洗发水——无亮点即硬伤

品牌	品牌偏好度
·科颜氏	5.63%
·吕	4.79%
·施华蔻	4.65%
·沙宣	4.08%
·水之密语	2.68%
·拉芳	-0.99%
·丝蕴	-1.55%
·海飞丝	-2.25%
·霸王	-2.54%
·飘柔	-3.24%

　　洗发水品类让我们看到的是失望比例的力量，此前连续8年夺得第一的海飞丝跌落到榜单的倒数第三名，飘柔则跌到了最后一名。科颜氏、吕是功效极有针对性的头发护理产品，与其说消费者在变小众，不如说他们更明白自己想要的是什么。在这种情况下，产品无功无过表现平平也是硬伤。比如，霸王的倒数第二，可能因为用它的人依然还在掉发吧。

本土女性护肤选择——百雀羚巩固地位

品牌	品牌偏好度
·百雀羚	7.45%
·佰草集	4.53%
·大宝	3.99%
·自然堂	2.53%
·郁美净	2.53%
·阿芙	-0.67%
·丸美	-1.07%
·御泥坊	-1.20%
·屈臣氏	-2.27%
·韩后	-2.93%

　　为何百雀羚能够连续两年获得这个品类的第一？可以翻翻2019年4月的报道《百雀羚新生记》。单纯的营销是无法长期绑住消费者的，看看我们榜单的最后五名就知道了，没有过硬的产品就不会有复购，毕竟，这事关乎女人的脸面。

口腔护理——你的标签是什么

品牌	品牌偏好度
·云南白药	13.48%
·狮王	9.85%
·Ora2	8.53%
·舒适达	4.13%
·黑人	3.60%
·汉高	-0.80%
·LG竹盐	-1.06%
·李施德林	-1.34%
·中华医药	-1.60%
·高露洁	-2.27%

　　云南白药的标签是减轻牙龈问题，狮王是美白，Ora2是不冲口、除烟渍，舒适达是抗敏感。其他品牌的标签是什么？如果没有一个清晰又有差异化的标签，可能会像佳洁士、高露洁和中华医药一样，即使体量巨大，也逐渐被年轻消费者远离。

沐浴露——传统品牌的安全地带

品牌	品牌偏好度
• 强生	7.30%
• 多芬	6.37%
• 欧舒丹	6.36%
• 六神	3.98%
• 舒肤佳	3.58%
• 所望	-0.40%
• 水之密语	-0.66%
• 玉兰油	-0.79%
• 卫宝	-1.46%
• 夏士莲	-1.59%

终于有个领域能让传统品牌喘口气，强生和多芬的领先优势意味着消费者在这一品类的需求还没有那么细分。不过需要给宝洁再亮一盏红灯，它在洗发水领域失守的同时，在沐浴露领域的拳头产品舒肤佳和玉兰油的名次也在跌落。

运动服装——Just Surpass It

品牌	品牌偏好度
• 阿迪达斯	14.66%
• 耐克	11.41%
• VANS	4.41%
• PUMA	3.76%
• UNDER ARMOUR	2.72%
• FILA	-0.65%
• 特步	-0.90%
• 匡威	-1.56%
• Kappa	-1.95%
• 361°	-2.46%

耐克曾经连续5年夺冠，2019年它的营销指数依然排名第一，但是在读者调查中，它的品牌好感度不及阿迪达斯。这印证了两个冤家对头在全球的竞争状态——阿迪达斯更偏向休闲、时尚的产品吸引了消费者，营销方式也从强调运动性能转向联手明星出爆款。New Balance这次并没有进入前十，缺乏明星款和让人眼前一亮的营销案例是它失守的原因。

国外服装品牌——快时尚拉响口碑警报

品牌	品牌偏好度
• 优衣库	72.71%
• COS	1.22%
• Supreme	0.69%
• TOPSHOP	0.26%
• Timberland	0.00%
• FOREVER 21	-2.52%
• ONLY	-3.21%
• GAP	-4.69%
• ZARA	-5.30%
• H&M	-16.85%

曾经位列头部阵营的H&M和ZARA跌落到了榜单的倒数第一、第二名，一些更有设计感的小众品牌和潮牌则顺势上升。跌落的品牌或许不该怪消费者喜好变得太快，而要从自身产品质量和门店服务上找原因，至少同样被视作快时尚的优衣库依旧保持绝对优势。拉响口碑警报后，快时尚曾经的良好发展势头还能保持多久？

本土服装——改头换面进行中

品牌	品牌偏好度
• 太平鸟	7.11%
• MO&Co.	5.11%
• URBAN REVIVO	4.97%
• 江南布衣	2.69%
• 热风	2.55%
• Lagogo	-0.40%
• 欧时力	-0.80%
• Five Plus	-1.89%
• 韩都衣舍	-4.57%
• 美特斯邦威	-8.47%

这个品类的结果让我们看到了中国服装品牌的未来。太平鸟、MO&Co.、URBAN REVIVO和江南布衣正在甩掉人们对本土服装固有的负面印象——廉价、缺乏设计感和品质欠佳。这些品牌如今合作的设计师、代言人都有国际范儿，但依旧欠缺的，可能是品牌的营销火候。至于美特斯邦威，我们是时候和这个十多年前的黄金品牌说再见了。

轻奢品牌——从COACH到Tapestry

品牌	品牌偏好度
• COACH	5.48%
• KENZO	5.09%
• Jimmy Choo	3.91%
• TORY BURCH	3.39%
• LONGCHMP	3.39%
• Fossil	0.26%
• MICHAEL KORS	-0.26%
• DKNY	-0.91%
• Folli Follie	1.05%
• MCM	-2.35%

COACH的三年转型计划起了作用，有近一半的受访者在选择COACH的理由中选择了设计。COACH升级成Tapestry集团也将给品牌带来更多的可能性。在产品上没有做太多努力的MICHAEL KORS和MCM获得了它们该有的名次，谁也不能轻视中国消费者的审美能力。

奢侈品　开云集团完胜

品牌	品牌偏好度
• YSL	9.40%
• GUCCI	3.96%
• DIOR	3.95%
• CELINE	2.73%
• LV	2.45%
• VALENTINO	0.00%
• BALENCIAGA	-0.13%
• Dolce&Gabbana	-0.81%
• VERSACE	-1.09%
• PRADA	-1.90%

开云集团的YSL和GUCCI在2018年还分别列第七和第八名，2019年却占据了这一品类的头两名。这两个品牌的销售额也在众多奢侈品品牌中占绝对领先地位。

YSL化妆品的成功多少增加了人们对它的手袋、成衣的好感度。帮助GUCCI实现品牌复兴的设计总监Alessandro Michele则成了整个时尚行业的风尚标。

珠宝——主流光环依旧

品牌	品牌偏好度
• 蒂芙尼	9.03%
• 卡地亚	4.32%
• 施华洛世奇	3.37%
• I DO	2.56%
• 周生生	2.42%
• PANDORA	-0.14%
• 通灵	-0.27%
• 戴比尔斯	-0.40%
• 六福珠宝	-1.48%
• 潮宏基	

尽管时尚博主经常念叨那些和"欧洲皇室""知名设计师"有关的小众品牌，但在中国年轻消费者心中，蒂芙尼和卡地亚依旧保持着绝对优势。

传统和新兴国产品牌除了要向两位优等生学习设计感，还要学习如何换着法子地经营品牌形象，让消费者觉得只有拥有这个品牌才算获得了中产阶级的"爱情"。

手表——如何靠近年轻人

品牌	品牌偏好度
• 卡西欧	9.34%
• 浪琴	4.82%
• 卡地亚	4.28%
• 劳力士	2.76%
• 欧米伽	2.75%
• 沛纳海	0.00%
• 宝珀	0.00%
• 爱彼	-0.27%
• 宇舶	-0.41%
• 飞亚达	-1.24%

由于这份问卷的受访者大多是进入社会没几年的年轻人和学生，高档腕表并没有成为他们的选择。这也从侧面说明了，腕表品牌还没有好好考虑过如何提升同年轻人沟通这回事。也许不该忽视年轻人在未来几年的购买力，成为他们的"梦想品牌"，对赢得未来的市场十分重要。

照相软件——越萌越好

品牌	品牌偏好度
• B612	14.28%
• FaceU	11.59%
• 美图秀秀	4.47%
• 美拍	3.35%
• 黄油相机	2.24%
• Over	-0.14%
• 食色	-0.70%
• 指划修图	-0,98%
• 秒拍	-1.11%
• 相机360	-3.49%

美图秀秀让位给了B612和FaceU，后两者多了很多萌萌的表情包。在照相软件品类中，谁能更好地利用新媒体渠道，通过制造各种流行话题帮年轻人表达自己，才能赢得更多用户。变现依然是困扰这类应用的最大难题，也决定着谁能笑到最后。

健身软件——冠军的秘密

品牌	品牌偏好度
• Keep	35.15%
• 悦跑圈	2.79%
• Nike+Runing国际版	1.52%
• 悦动圈	1.39%
• 乐动力	1.27%
• Six Pack Abs	-0.49%
• 火辣健身	-0.63%
• 咪咕善跑	-0.63%
• 虎扑跑步	-0.63%
• P4P 7分钟锻炼	-1.14%

Keep守擂成功的秘诀在于，它的确是许多人使用频率最高、抱怨次数又相对少的健身软件。它不断推出有针对性的新课程，并且总能请来当红明星坐镇。鉴于过于明显的优势，这个领域想要诞生一个颠覆者并不太容易。

空气净化器——性价比是主导

品牌	品牌偏好度
• 无印良品	8.83%
• 小米	7.16%
• 戴森	6.90%
• 飞利浦	4.48%
• 美的	3.46%
• 西屋	-0.25%
• 莱克	-0.52%
• 思博润	-0.64%
• TCL	-1.53%
• 三星	-8.05%

无印良品的登顶让人十分意外，这表明它所提倡的生活方式在发挥作用。榜单前两名说明大多数受访者尚未组建家庭，简约的设计和性价比是他们选择空气净化器的重要考虑因素。专业空气净化器品牌可以推出入门款吸引这些年轻人。

厨电——创新小家电的胜利

品牌	品牌偏好度
• 飞利浦	10.63%
• 美的	7.53%
• 苏泊尔	5.97%
• 松下	3.71%
• 虎牌	3.71%
• 格兰仕	0.36%
• 小熊	0.24%
• 长帝	0.00%
• 柏翠	-0.36%
• 西屋	-0.59%

舍弃了黑电和白电，转而调查厨电和厨具的原因在于，年轻人把做饭当作工作闲暇之余的放松、生活中的情趣，或者分享到社交网络上的资本，而他们大多没有父母那一代的好手艺。飞利浦空气炸锅、料理机那样有颜值又能增加做饭便利性的厨电由此受到了青睐。

电视机——互联网电视的冰火两重天

品牌	品牌偏好度
• 索尼	10.70%
• 小米	9.90%
• 夏普	5.16%
• 飞利浦	4.23%
• 松下	2.64%
• 长虹	-0.13%
• 微琼	-0.53%
• 酷开	-1.19%
• 三星	-4.89%
• 乐视	-8.67%

凭借"索尼电视好"的网络呼声和日本传统品牌过硬的品质，索尼依旧是2019年的冠军。值得注意的是小米和乐视，2018年它们作为互联网电视的代表进入品类前十名，今年小米跃升到第二名。在调研结果中，愿意推荐小米的受访者比例为14.66%，超过了索尼的11.89%。乐视不出意外跌到了谷底，消费者在品牌形象、产品质量、使用体验上已经有了自己的标准。

厨具——不再凑合

品牌	品牌偏好度
• 膳魔师	12.44%
• 双立人	8.29%
• 象印	5.90%
• 乐扣乐扣	4.37%
• 康宁	1.86%
• 思利满	0.00%
• Happycall	-0.32%
• 酷彩	-0.87%
• 十八子	-0.87%
• 特百惠	-1.16%

如果不是膳魔师胜出，大家对保温杯的定义也许还停留在功能性上，而不会想到外观设计、品牌形象等。如今就算是锅碗瓢盆这样的简单器件，消费者也愿意用更高品质和颜值的产品来取悦自己。乐扣乐扣只排在第四名是因为它的失望比例达到了7.42%，为该品类最高。近年来，乐扣乐扣在产品和推广上都没有让人惊喜的动作，令人失望也在所难免。

租房平台——你还有更好的选择吗

品牌	品牌偏好度
• 链家	7.93%
• 自如客	5.04%
• 安居客	1.49%
• 爱屋吉屋	0.66%
• 信义房源	0.25%
• 蘑菇用房	-0.25%
• 房天下	-0.25%
• 青客公寓	-0.33%
• 我爱我家	-0.58%
• 中原地产	-0.91%

这是一个比谁更少让消费者失望的品类。一些受访者告诉我们，他们因58同城上过多的虚假信息而困扰，它也因此没有上榜。不过即使是链家，它也没有处理好服务体验、虚假房源的问题，总体来说，这仍是一个急需规范的行业。

快递平台——宁愿贵，也要服务好一点

品牌	品牌偏好度
• 顺丰	64.07%
• 闪送	1.36%
• 德邦	0.56%
• 宅急送	0.25%
• UPS	0.06%
• 韵达	-3.02%
• 百世汇通	-3.08%
• 圆通	-4.57%
• 天天	-7.65%
• 邮政EMS	-10.86%

闪送凭借极低的失望比例上升到了第二名。它和排名第一的顺丰一样，虽然收费不菲，却意味着时效和服务质量。眼下各家快递公司上市融资动作频繁，但要得到人心，最根本的莫过于服务。只要有好的体验，一单多花几元钱，对于年轻人来说不是问题。

家具品牌——生活方式的经营哲学

品牌	品牌偏好度
• 宜家	25.63%
• 无印良品	16.30%
• 网易严选	2.22%
• Hay	0.49%
• nitori	0.30%
• 造作	-0.84%
• 特力屋	-2.22%
• Zara Home	-4.69%

尽管宜家、无印良品已在市场上存在多年，但不少品牌进入这个行业却是近一两年的事。前两名应该是这个品类教科书级别的品牌——品牌要卖的不只是简单的一锅一床，而是一种拥有它们生活可以变得更有一番风味的憧憬，这是一门关于生活方式的经营哲学。

手机——"失望"并购买着

品牌	品牌偏好度
• 苹果	34.26%
• 华为	12.73%
• 小米	1.10%
• 索尼	1.07%
• vivo	0.94%
• 联想	-1.44%
• 诺基亚	-1.76%
• 酷派	-1.88%
• 乐视	-3.60%
• 三星	-10.19%

尽管苹果创新乏力，但它依然霸占手机品类第一名的位置。消费者也看重华为和小米的产品性能，但在没法搞清楚各种配置的专业术语时，品牌理念和设计成了苹果胜出的原因。负面新闻对于"昨日之星"的打击是严重的，不知道三星是否还能卷土重来。

电脑——新选手跑得快

品牌	品牌偏好度
苹果	23.56%
华为	6.67%
戴尔	2.94%
联想	2.53%
华硕	1.87%
宏碁	-0.71%
神州	-0.74%
东芝	-0.82%
富士通	-0.82%
三星	-8.95%

苹果曾经远远甩开了其他产品，华为却在拉近和它的距离。后者现在在手机领域积累了口碑，在PC市场受到认可也就顺其自然了。但戴尔、华硕等一众传统电脑品牌依旧没什么声响，这仍然是一个缺乏技术创新、过于安静的行业。

视频平台——二次元和亚文化的胜利

品牌	品牌偏好度
Bilibili	22.58%
爱奇艺	19.55%
腾讯视频	5.48%
YouTube	1.72%
AcFun	0.61%
暴风影音	-4.22%
迅雷看看	-4.83%
芒果TV	-6.13%
乐视视频	-6.90%
快手	-7.20%

谁能想象，爱奇艺、腾讯视频和优酷大打版权战，最后胜出的却是Bilibili。这或许并不能反映真实的市场份额，但那些因为弹幕、"神剪辑"和"鬼畜视频"把票投给了Bilibili的人正在诉说，这是属于二次元和亚文化的胜利。优酷则因为有9.2%的受访者对其表示失望，跌出了榜单。

综艺节目——老节目危险了

品牌	品牌偏好度
《奇葩说》	10.58%
《中国有嘻哈》	7.40%
《诗词大会》	6.76%
《朗读者》	4.53%
《明星大侦探》	2.64%
《明日之子》	-1.88%
《快乐大本营》	-2.29%
《中国新歌声》	-5.06%
《奔跑吧，兄弟》	-6.90%
《超级女声》	-6.99%

当《康熙来了》2016年停播时，不少人对其表示惋惜。但不停播又能怎样呢？看着已经连续播出多年的《超级女声》《奔跑吧，兄弟》就知道，人们对老节目难免有倦怠感。按照常理，《中国有嘻哈》无疑是2019年最火的综艺节目，但是当选手和内容都不太出格时，不喜欢它们的人也不会太少。而它和《奇葩说》的胜出也意味着，网综真的不容小觑了。

社交平台——昔日冠军是如何失色的

品牌	品牌偏好度
• 微信	39.36%
• 豆瓣	3.18%
• Linkedin	1.20%
• 知识星球	-0.06%
• 私密	-0.36%
• 赤兔	-1.33%
• 新浪微博	-2.66%
• QQ	-4.60%
• 探探	-6.29%
• 陌陌	-9.54%

微信胜出在情理之中，更值得关注的反而是新浪微博。在微信出现前，它曾是榜单第一名，但如今时间线混乱、广告推荐和垃圾粉众多的新浪微博降低了使用体验。虽然经营数据很好看，但丢掉的品牌好感度又该从哪里找回来？

直播平台——挤掉泡沫，回归正常

品牌	品牌偏好度
• 斗鱼	4.85%
• 一直播	4.23%
• 映客直播	3.11%
• 熊猫沃TV	2.63%
• 全民直播	1.79%
• 花椒直播	-0.28%
• 来疯直播	-0.94%
• 龙珠直播	-1.32%
• NOW直播	-1.41%
• YY	-2.07%

直播的风口来得快去得也快。经历了2016年的"千播大战"后，直播回到了正常形态。很难有独立的直播平台留下，毕竟直播是工具，需要依附于大平台，就像一直播与微博的关系。直播内容的趋同已经无法满足普通用户的好奇心，但是游戏品类一直都是直播平台的流量担当，这也是斗鱼占据第一名的原因。

音乐应用——听这件事变得更多元了

品牌	品牌偏好度
• 网易云音乐	38.93%
• 虾米音乐	9.90%
• 喜马拉雅	3.39%
• 酷狗音乐	1.53%
• 豆瓣FM	0.35%
• 音悦台	-1.54%
• 唱吧	-2.05%
• 多米音乐	-2.22%
• 酷我音乐	-2.56%
• Apple Music	-3.07%

网易云音乐这一次以巨大优势占据第一名的位置，远超2018年排在首位的QQ音乐。从数据上不难发现，在争夺听觉这门生意上，不仅有音乐App，还有各种FM。喜马拉雅、蜻蜓开始占据一定的用户时间。对于音乐应用，仅依靠音乐版权的打法过于老套和陈旧。14.51%的受访者表示对QQ音乐很失望。在这种情况下，提升用户体验、增加产品属性变得更为重要，没那么多"独家"版权的网易云音乐都开始推出电台与知识付费产品了。

航空公司——本土公司该反思了

品牌	品牌偏好度
• 南方航空	7.92%
• 阿联酋航空	7.70%
• 国泰航空	5.83%
• 海南航空	5.60%
• 全日空航空	4.20%
• 达美航空	0.00%
• 美国航空	-1.63%
• 东方航空	-4.67%
• 美国联合航空	-9.33%
• 春秋航空	-11.19%

史无前例的，前五名中出现了3家国外航空公司。如果要谈使用频率，这3家公司应该排不上号。两相对比，或许是本土航空公司并没有给出很好的出行体验。即使这其中最重要的一点——准点率的锅不该由航空公司来背，但舱内软硬件设施、配套服务什么的，是不是应该加把劲提升一下？

打车软件——垄断者会焦虑吗？

品牌	品牌偏好度
• 滴滴出行	38.69%
• 神州专车	2.10%
• 首汽约车	-0.23%
• 嘀嗒拼车	-6.06%
• 易到	-24.01%

滴滴出行获得第一名并不意外，毕竟这个行业还在正常运营的公司已经不多。但在收购了Uber在中国的业务后，乘客和司机都对滴滴出行产生了不满。短期内，没有谁会成为滴滴出行的对手，除了它自己。

豪华汽车——谁抓住了兴奋点

品牌	品牌偏好度
• 特斯拉	9.09%
• 奔驰	7.69%
• MINI	6.53%
• 雷克萨斯	5.12%
• 保时捷	3.73%
• 英菲尼迪	0.23%
• Smart	-0.24%
• 劳斯莱斯	-0.24%
• 迈凯伦	-0.24%
• 讴歌	-4.43%

特斯拉成了豪华汽车品类中最受欢迎的那个，这有点出人意料。但想想，汽车业已经多久没出现让人兴奋的品牌了？另外值得一提的是，雷克萨斯相比2018年的排名提升不少，它并没有引起太多人的失望，这与其在质量和做工上的美名相符，看来品质仍然是豪华汽车值得信赖的法宝。

大众汽车——优秀并失望着

品牌	品牌偏好度
• 大众	16.31%
• 本田	5.83%
• 丰田	5.82%
• 别克	4.20%
• 雪佛兰	4.20%
• 比亚迪	-2.56%
• 江淮	-2.80%
• 起亚	-3.27%
• 奇瑞	-5.60%
• 众泰	-8.39%

虽然增加了"失望比例",这份榜单前十名的品牌依然没有太大变化。这体现了那些受消费者信任的品牌依旧坚挺。不过有几个品牌的失望比例可不低,如排名第一的大众。失望比例的选票往往来自拥有或使用过这一品牌的消费者,他们的意见分外重要,但在传统体系里却很难被汽车公司倾听,这或许是汽车行业和互联网行业最大的区别。

新能源汽车——毫无悬念的冠军

品牌	品牌偏好度
• 特斯拉	23.38%
• 新特	4.89%
• 雷克萨斯	4.67%
• 蔚来	3.97%
• 沃尔沃	3.73%
• 腾势	-0.93%
• 长安	-3.26%
• 江淮	-3.50%
• 北汽新能源	-3.50%
• 吉利	-3.73%

特斯拉毫无悬念获得第一名,它的喜欢比例比后五位的加在一起还高。另外,本土品牌在这个排名中依然没有很亮眼的表现。这与它们在市场上的畅销形成了反差。这多少说明了现在消费者在选择新能源汽车时,车本身并非重要的因素。

中端酒店——品质永远是硬伤

品牌	品牌偏好度
• 全季酒店	23.31%
• 威斯汀	11.88%
• 智选假日	6.06%
• 橘子酒店·精选	3.03%
• 英迪格	2.57%
• 华美达	1.40%
• 福朋	-0.70%
• 喆·啡	-1.86%
• 锦江都城	-3.03%
• 和颐酒店	-13.05%

中端酒店市场的制胜法宝仍是规模。酒店数量最多的全季酒店因此拿下第一名,威斯汀仅获得第二名也与其数量有限很有关。曾被如家寄予厚望的和颐酒店令人惊讶,尽管它5.83%的喜欢比例高过洲际旗下的英迪格,但失望比例却高达18.8%——不稳定的产品品质是永远的硬伤。

豪华酒店——盯住年轻人

品牌	品牌偏好度
• W酒店	7.60%
• 希尔顿	6.53%
• 四季	4.66%
• 丽思-卡尔顿	3.73%
• JW万豪	3.49%
• 皇冠假日	-1.40%
• 索菲特	-2.33%
• 假日酒店	-2.56%
• 桔子水晶	-6.07%
• 锦江	-8.79%

作为喜达屋旗下第一个生活方式品牌，W酒店连续两年拿下品类第一名，老牌的希尔顿、四季、丽思-卡尔顿只能位列其后，这再次体现了生活方式的胜利。W酒店的秘诀是盯住年轻人，提供从住宿到社交、设计的多面生活体验。而传统豪华酒店那些昂贵的建材、地毯、落地窗和金碧辉煌的大堂都不再是开启商机的唯一钥匙。

经济型酒店——要经济也要体验

品牌	品牌偏好度
• 橘子酒店	16.08%
• 锦江之星	9.09%
• 汉庭	6.29%
• 宜必思	5.59%
• 格林豪泰	1.17%
• 莫泰	-1.63%
• 速8	-4.66%
• 布丁	-5.36%
• 如家	-10.26%
• 7天	-13.29%

数量最少的橘子酒店拿下经济酒店的第一名，而开店数量最多的7天和如家却排名末位。即使在经济酒店消费者的眼里，设计、卫生状况、服务态度也一样重要。消费者的打分提醒不受欢迎的酒店——是时候翻新硬件和床了。

购物渠道——实体店并不是最差的

品牌	品牌偏好度
• 天猫	20.23%
• 淘宝	11.88%
• 京东	11.65%
• 亚马逊	2.40%
• 大润发	0.47%
• 国美在线	-2.33%
• 苏宁易购	-3.73%
• 当当	-5.59%
• 1号店	-6.29%
• 乐天玛特	-11.66%

虽然电商冲击实体店已是老生常谈，但在这个榜单里，除了受"萨德"影响的乐天玛特，排名在末尾的并不是亚马逊、大润发等，而是1号店、当当和苏宁易购。天猫超过淘宝排在第一位，看来人们对购物渠道的选择并不取决于线上线下，也不单单是看哪里价格更便宜，体验好、商品正规，才是消费者更看重的。

垂直生鲜电商——新秀当前

品牌	品牌偏好度
·顺丰优选	10.49%
·盒马鲜生	8.85%
·每日优鲜	7.00%
·易果生鲜	3.96%
·天天果园	2.33%
·沱沱工社	-1.63%
·许鲜	-2.10%
·拼好货	-2.10%
·到家美食会	-2.33%
·Fields莆田网	-4.58%

生鲜电商的盈利难题让这个榜单每年都有老面孔消失。2019年，盒马鲜生和每日优鲜通过城市前置门店/前置仓的模式，让易损耗的生鲜产品送到用户手中的时间从一天缩短到一两个小时甚至更短，又用小包装产品提高了用户购买频率。

外卖平台——双寡头的竞争

品牌	品牌偏好度
·美团外卖	22.38%
·饿了么	22.38%
·口碑外卖	1.17%
·掌上餐厅	-0.70%
·外卖超人	-2.10%
·订餐小秘书	-3.50%
·百度外卖	-9.56%

美团外卖和饿了么的每一项评分都紧咬着彼此，只是从失望比例看，消费者对它们也有诸多不满。这个行业依靠烧掉数十亿元的补贴已经筑起了高高的壁垒。在厮杀之余，这两家外卖寡头或许应该想想，该如何规范合作商家，并在配送率和消费者的期望值之间找到平衡。

垂直海淘网站——网易找到了新发力点

品牌	品牌偏好度
·网易考拉海购	20.51%
·小红书	13.52%
·丰趣海淘	-0.23%
·西集全球购	-0.70%
·达令全球好货	-0.72%
·蜜芽	-1.63%
·云猴全球购	-1.63%
·波罗蜜	-2.33%
·洋码头	-2.34%

网易考拉海购的产品丰富度、优惠程度，以及从网易本身导入的流量成为它在该品类排名第一的原因。超过一半的投票者将推荐名额留给了网易考拉海购和小红书，从这点来看，海淘网站这个较新的细分品类，隐现"巨头效应"。留给其他小众海淘网站的机会不多了。

便利店——虚心学习更重要

品牌	品牌偏好度
·全家	32.17%
·7-ELEVEN	31.96%
·罗森	6.26%
·Today	1.63%
·邻家	-0.93%
·好邻居	-3.96%
·喜士多	-3.96%
·美宜佳	-4.675
·快客	-5.13%
·可的	-5.83%

便利店已然成了风口,各种新品牌、新概念不断往外冒,但排名前三的依然是这个品类的开拓者。全家、7-ELEVEN和罗森在门店数量上的优势依然不可小觑。本土品牌造出来的那些概念是否有助于经营和增加客流,给消费者带来便利,这正是它们需要虚心学习之处。

十一、"金融供应链"模式

请参见《新商业模式创新设计》与《资本与商业模式顶层设计》这两本书中的内容。

十二、平台模式

【全民养牛模式】 全民养牛是澳洲的一个养牛的企业,主要经营喜欢吃牛肉的人群。一个客户买一头刚刚生出来的小牛,5000元一头,18个月之后就长大了,大概值3万元一头。如果你买了一头牛,现在想吃,牛还没有长大,怎么办呢?那就可以先吃别人的牛,等牛长大以后再给别人吃,这也叫作共享牛肉。一端面对所有养牛的企业,另一端面对所有的消费者,形成一种大消费平台。

平台模式最怕的就是买卖双方见面,见面的第二次、第三次就容易跳单,但是一个好的平台模式,买卖双方都见了面,依然无法跳单。比如,客户入住一个五星级酒店,通过携程网订房要便宜几十元钱,买卖双方见了面依然无法跳单,这就是好模式。

十三、类金融模式

【以房养老模式】 例如，一套房子价值400万元，去银行抵押贷款，贷款利息假如是6%，贷款比例60%，也就是240万元，那么这240万元放到哪里最安全呢？放到信托里面相对安全（注意不是绝对的安全）。信托的投资门槛是100万元起，信托的年回报率假如是9%。那么9%-6%=3%，240万元的3%就是7.2万元一年，一个月6000元。

也就是说，把自己价值400万元的房子，通过信托和银行之间的存贷差，一年可以享受7.2万元的养老服务，平均一个月可以享受6000元的养老服务。这叫羊毛出在猪身上，狗来买单。谁来做这样一个资产管理公司，谁就是全国最大的资产管理公司。在此给各位读者出两个思考题：这个模式有风险吗？如果有风险，应该怎么规避？

十四、互联网+大数据模式

所有的大数据都是建立在人工智能（AI）之上的。

"AI+汽车"未来会给我们的生活带来巨大的变革。我们投资一个企业，要问的是盈利可持续吗？成长可持续吗？我们还要问的是投资的这个企业被人工智能颠覆以后能够活到十年以后吗？

各位读者，无人驾驶和新能源汽车没有任何关系，无人驾驶和燃油车也没有任何关系，所有汽车未来都可以实现无人驾驶。无人驾驶的应用，第一个实现的，我们认为是摆渡车；其次是公交车、洒水车，这些车辆全部是可编程的，可数字化的；最后才是出租车和轿车等其他车辆。

汽车行业整个格局在发生一个重大的变化。整车厂现在是市场焦点，但20年以后我们认为整车厂就是一个旁观者，它甚至连参与者都不再是了。特斯拉一年卖十几万辆车，可是它的市值和整个通用汽车差不多，都是500多亿美元。未来引领无人驾驶的巨头企业会在什么样的产业产生呢？有没有可能在手机产业？完全有可能。有没有可能在地图导航产业产生？完全有可能。有没有可能是滴滴打车？完全有可能。这是无人驾驶发展的趋势。

"AI+医疗"带来的变化就更大了，第一大医疗市场我们认为是研发，第二大是影学、影像。做胃镜很难受，我们研究一个做胃镜的胶囊机器人，可以全天24小时都在肠胃里面工作，可以把肠胃里面所有的结构全部分析出来，这是人工智能在医学领域最大的突破。

十五、连锁托管模式

【米乐科技】母婴市场在2020年就有3.2万亿元的市场，仅次于餐饮的4万亿元的市场。餐饮企业要想上市是很难的。但是母婴企业不一样，母婴是既赚钱又值钱的产业。

米乐科技（母婴企业）既做线上又做线下，既做有人零售，也做无人零售。连锁企业要做大，赚五笔钱就可以，如下图所示。

米乐科技（母婴企业）

- 米乐科技的商业模式（8个月从3家店到170店）
  - 第一笔：把产品卖给B端 （赚产品的利润）
  - 第二笔：加盟费 （赚一次性的利润）
  - 第三笔：管理费 （赚持续性的利润）
  - 第四笔：上游供应商返利 （赚规模利润）
  - 第五笔：股权增值 （赚资本的利润）

米乐科技的商业模式最核心的内容是兜底加盟，用股权来做兜底。麦当劳的加盟商会有兜底吗？不会有，因为它有品牌。就是因为绝大多数中小企业既没有品牌，也没有资金实力，这种连锁托管模式才更适合它们。米乐科技准备做母婴行业里的海澜之家，这样企业可以迅速做大。

第三节
关于行业和创业的39个问题的解答

问题1：蒙牛的全产业模式是什么？

答：蒙牛有四个大，太阳光大，父母恩大，君子量大，小人气大。蒙牛有四个98%，资源的98%是整合，经营的98%是人性，品牌的98%是文化，矛盾的98%是误会。蒙牛有三个靠，大智靠学，大牌靠创，大成靠德。蒙牛的用人文化：有德有才破格录用，有德无才培养使用，有才无德限制录用，无才无德坚决不用。蒙牛的模式：农民去信用社贷款买牛，买了牛挤出来的牛奶蒙牛包销，只要包销可持续，农民去银行还贷就可持续。所以曾经规模最大的牛奶公司，蒙牛一头牛也不养。

问题2：VC/PE最看重创业者什么特质？

答：天使轮投资是投人，A轮投资是投产品，B轮投资是投数据，C轮投资是投收入，D轮投资是投利润。优势资本投资一个企业还有另外三个标准，就是这个创始人有没有赚大钱的思维，这个创始人有没有赚大钱的能力，这个创始人有没有赚大钱的运气。

问题3：什么样的房产值得购买？

答：什么样的房产值得购买不好说，但是什么样的房产不值得购买很好判断。① 国外的房产不值得购买，因为有可能10多年才翻一番；② 商住两用房不值得购买，因为没有头卖，就没有增值；③ 旅游景点的房产不值得购买，因为很难卖掉；④ 商铺不值得购买，以前一个商铺养三代人，未来三个商铺都养不了一代人，因为中国城镇化太快了。

问题4：疫情之后，哪些股票会大涨？

答：科技股，大健康和龙头企业、新基建的股票会有比较好的涨幅。未来是好的企业越来越好，差的企业越来越差。华尔街的股票只有4%值得买，其他96%都不值得买。因为4%的股票创造了99.9%的价值。同理，A股里面值得长期持有的股票只有4%左右。大家一定要用一级市场的资本思维来做二级市场，用高维打低维。一级市场的投资是投人，二级市场的投资也是投人，只有一个有情怀、有野心、有欲望的企业家才能把企业做大。茅台的股票值得长期持有吗？肯定值得，因为茅台没有做并购，茅台如果有一天像LV集团做并购，市值可以达到5万亿元。

问题5：数字货币值得买吗？

答：数字货币目前最值得买的，只有比特币，因为比特币的上升是具备确定性的，以太坊都不具备确定性。我们说企业的上市是10年不遇的机遇，企业的并购是30年不遇的机遇，"互联网+"是百年不遇的机遇，人工智能是500年不遇的机遇，区块链是千年不遇的机遇。以前美元和黄金挂钩，现在美元和石油挂钩，未来美元有可能和比特币挂钩。

问题6：工程行业可以做大吗？

答：工程行业中的很多企业很赚钱但是不值钱。因为这些企业的盈利不可持续，成长不可持续。但是有部分工程类的企业依然可以做大，比如优势资本投资的达安股份、恒丰信息和数字政通虽然都是单一的商业模式，但依然是可以上市的，所以不是所有工程行业的企业都不可以做大。如果你所在的工程行业的企业，在A股或者港股都有对标的企业，依然是可以做大的。

问题7：保险行业可以做大吗？

答：保险行业的上市企业在香港是30倍的市盈率，而银行业的上市企业在香港只有13倍的市盈率。所以成都银行上市和哈尔滨银行上市优势资本都没有参与投资。保险公司为什么比银行更有资本价值？因为保险公司是靠投资来赚钱的，保险的收入是保单，是用自己的钱去投资；而银行是靠存贷差来赚钱的，是用别人的钱去投资，肯定是用自己的钱去投资的价值更大。

如果说一个企业不上市还能"富过三代"，那就是保险公司。这是由保险公司的商业模式决定的。

问题8：教育行业可以做大吗？

答：做教育行业，要有持续性的用户来赚钱，而不是产品和技术。产品和技术是有周期的，用户是可以抗周期的。现在是在线教育、人工智能教育，然后是虚拟现实的教育，接下来还会有5G教育。但这种教育的技术一般都是3~5年一个周期。拥有持续性用户的企业，比拥有持续性产品的企业在中国更具备投资价值。要么做超级产品，要么做超级渠道，要么成为超级产品的股东，要么成为超级渠道的股东。美国的VC、PE更青睐超级产品，中国的VC、PE更青睐超级渠道。

问题9：什么样的连锁模式才可以做大？

答：托管模式可以赚5笔钱，① 把产品卖给B端；② 收加盟费；③ 收管理费；④ 收上游的返利；⑤ 赚股权增值的利润。

收加盟费是一次性的收入，收管理费是持续性的收入，一次性的收入赚钱，持续性的收入值钱。第一笔赚的是产品的利润；第二笔、第三笔、第四笔赚的是品牌的利润；第五笔赚的是股权增值的利润。

问题10：农业产业可以做大吗？

答：农业要想做大，必须摆脱对天的依靠，摆脱对人的依靠，摆脱对环境的依靠，摆脱对水源的依靠，摆脱对疾病防治的依靠，农业的未来在于做全产业链。美国最大的农业公司邦吉，占了美国农业市场35%左右的市场份额，而中国最大的农业公司新希望才占中国农业市场2%~3%的市场份额。所以中国的农业是市场巨大，企业巨小，投融资的机会巨多，企业成长的机遇巨大，而这样的机遇美国没有了，欧洲没有了，日本没有了，只有中国才有。

问题11：酒店行业可以做大吗？

答：酒店行业有两个高利润区，一个在高端，一个在低端；要么做高端，要么做低端，这是打造酒店品牌成功的关键。像聚焦高端的凯宾斯基、万豪、万达、希尔顿、四季酒店入住率非常高，做低端的如家、七天入住率也很高。中间层面的酒店发展比较困难，全季酒店做起来了，但是它的商业模式不值得大家学习。未来，酒店物业和酒店管理公司必须分离，物业做债权融资，酒店管理公司做股权融资。就好像凯宾斯基物业和凯宾斯基酒店管理公司的关系。做酒店一定要用小股大债的商业模式。也就是用小的股权投资撬动大的债权投资的模式。

问题12：物业公司可以做大吗？

答：物业公司以前没有价值，未来会有价值，因为离人越近的生意越有价值，离钱越近的公司越有价值。阿里巴巴做淘宝越做离人越近，阿里巴巴做余额宝越做离钱越近。物业公司因为要解决最后一公里、最后100米的事情，这是一个巨大的资本价值。连接到持续性的用户才是食物链的最顶端。长城物业是一家上市公司，这家公司从物业管理开始慢慢做社区服务，核心业务是物流服务。传统的企业经营产品，未来的企业经营人群，经营产品赚钱，经营人群值钱。

问题13：医疗整形行业可以做大吗？

答：医疗整形行业会有很大的发展，现在50个人里面就有一个人做过整形，未来10个人中就会有一个人做过整形。以前都是女人做整形，未来是男人做整形。整形行业实际上是连锁行业，只有符合资本需求的连锁模式才能做大，也就是连锁托管模式才能获得融资。如果全部开直营店或者全部开加盟店都很难做大。做整形需要用金融模式，以前贷款买房贷款买车，现在贷款上学，未来贷款美容。

问题14：充电桩行业可以做大吗？

答：新能源产业链的电桩、电控、电机、电池都可以做大。像优势资本投资的越博动力已经在创业板上市了。新能源汽车行业现在是一个低谷，一个原因是汽车行业15年的周期性低谷到了，另一个原因是目前美联储在加息，对中国经济不太好。但是未来新能源汽车行业会有一个高速发展期，当中国的充电桩渗透率达到10%以后，新能源汽车这个行业就会爆发。这就是为什么各地这么多首富都要挤进新能源汽车这个行业。30年以前高速公路是基础设施，20年以前ATM机是基础设施，10年以前互联网是基础设施，现在和未来10年充电桩是基础设施。

问题15：影视行业可以做大吗？

答：美国影视行业就是在经济萧条的时候发展起来的，中国也是如此。目前影视行业的亏损是阶段性的，未来肯定会变好。影视行业的渠道端比内容端更有投资价值，像优势资本就投资了保利博纳。

投资电影内容有风险，但是内容和旅游结合是一个不错的模式。像

《非诚勿扰2》炒火了三亚亚龙湾，《心花怒放》炒火了云南的洱海。投资电影内容是一次性的收入，投资旅游景点是持续性的收入。有持续性才能获得资本的青睐。

问题16：房地产开发行业值得做吗？

答：房地产不可能暴跌，因为现在的情况是通货膨胀。房地产不是用来炒的，房地产是用来增值保值的。对开发商来说，房地产属于夕阳行业，但是中国前10名的开发商每一年自己的房地产公司都以30%左右的速度成长。这说明，没有不景气的企业，只有不景气的行业。对开发商来说，购买产业地产是为了获得发展的路径，比如农业地产、医疗地产、养老地产、体育地产、儿童地产、教育地产、旅游地产、科技地产。目前中国最大的房地产公司是恒大，5年以后有可能变成华为和海尔。因为它们做科技地产和5G地产，去一二线城市拿地，非常便宜，有些甚至是零地价。也就是"产业+地产+金融"的模式，金融是赚短期的钱，地产是赚中期的钱，产业是赚长期的钱。

产业购地中，土地价格最便宜的应该是汽车产业，所以房地产开发商最适合投资汽车产业，就像恒大非要做汽车产业一样。

问题17：餐饮行业可以做大吗？

答：首先，餐饮行业要上市一定要做食品供应链。餐饮行业一年有4万亿元的市场容量，却是上市企业数量最少的一个行业。

其次，餐饮行业要用连锁托管模式才能上市，向加盟商收管理费。加盟费只是一次性的收入，管理费才是持续性的收入。餐饮行业要么做食品供应链上市（像广州酒家、九毛九、海底捞的模式），要么用连锁托管模式上市（麦当劳、达美乐披萨、布法罗鸡翅酒吧的模式）。没有厨师的餐饮企业可以做大，因为可以做标准化。小肥羊、海底捞为什么可以做大？因为它们没有厨师，客户自己就是厨师，它们只有食品加工师傅。

问题18：家居行业如何做大？

答：面对B端的家居企业容易做大，面对C端的家居企业需要整合产业链才能做大。未来一定是做B端的家居企业并购做C端的家居企业。做B端很赚钱，做C端很值钱。用赚钱的企业去并购值钱的企业，企业就会即赚钱又值钱。那为什么不自己做呢？因为做B端和做C端的运营、团队、考核、资本思维完全不一样。所以，自己想做、应该做但做不了的事情可以通过并购完成。但是并购的钱从哪里来？可以从融资来。但怎样才能获得融资？企业的商业模式要盈利可持续、成长可持续。

问题19：体育培训行业可以做大吗？

答：目前体育培训行业的市场容量太小，很难做大。体育培训只是一个赚钱的行业，还不是一个值钱的行业，但是未来有可能做大。我们的人均GDP达到1.2万美元以后，这个行业就会爆发。做企业和做投资最难承受的不是忍耐，而是等待。很多没有经验的投资人去投资一个有前景但是太超前的企业往往会失败。领先两步成为"先烈"，领先一步成为"先驱"，领先半步才能成功。而这个度是什么？这个度就是"20%的行业渗透率"。做企业就是做趋势，投企业就是投风口，但是要等到趋势和风口结合的那一天，很多人在那一天来临之前却选择了放弃。所以水滴石穿不是水的力量，而是坚持的力量。

问题20：养鹅行业可以做大吗？

答：养鸡、养鸭可以做大，养鹅很难做大。因为养鹅周期长。养一只鸡或鸭，30~40天就可能养大，养一只鹅要一年才能养大。所以养鹅做不大，做不大就意味着很难上市，很难上市就意味着很难融资。养鹅做不大，但是养鹅赚钱吗？答案是很赚钱。养鹅怎么赚钱？第一卖鹅肉，第二卖鹅毛，第三卖鹅皮，第四卖鹅肝，最赚钱的是鹅肝。

所以，有好的产品不一定是好企业，好的产品+好的商业模式＝好企业。要成为好企业的前提是盈利可持续、成长可持续。

问题21：食品行业可以做大吗？

食品行业有个规律，好吃的做不大，能够做大的都不好吃，但是也不难吃。太有营养的做不大，能够做大的都不是很有营养。麦当劳、肯德基、可口可乐、百事可乐，很多人说它们是垃圾食品，但是它们不是不安全食品。资本不会投资好产品，资本只会投资好企业。现在大家都在投资有机蔬菜，但是优势资本和红杉资本反其道而行之，投资了做反季节蔬菜的利农国际，这家企业现在已经在美国上市。虽然有机蔬菜比反季节蔬菜更有营养,但是我们认为做有机蔬菜的企业要在人均GDP1.3万美元左右时才会做大。

问题22:商务男装行业可以做大吗?

答:商务男装行业可以做大,女装行业做不大。中国的50多家服装上市企业中,90%以上的企业都是做男装,而不是做女装,因为男装可以标准化,女装很难标准化。这就意味着做男装的企业可以通过融资的钱来发展,做女装的企业只能靠自己的钱来发展,所以赛道非常重要。

做运动鞋的企业可以做大,做皮鞋的企业很难做大,所以我们从来没有听过哪一个主流资本去投资做皮鞋的企业。优势资本和建银国际一起投资了匹克运动、安踏体育,它们都上市了。

问题23:瑜伽行业可以做大吗?

答:瑜伽行业做不大,因为市场比较小众。但是瑜伽行业的上游设备供应商可以做大,中国的瑜伽市场未来一定会越来越大,所以上游的设备供应商有做大和上市的机会。未来会出现一个瑜伽行业里的Keep模式,经营瑜伽就是经营练瑜伽的人群。瑜伽行业的商业模式可以学习健身房的商业模式,也就是Keep模式。

问题24:白酒行业可以做大吗?

答:白酒企业现在不允许上市,但是可以借壳上市。衡水老白干就不是通过白酒企业上市的,而是通过农业企业上市的。有一个白酒企业叫钓鱼台,主要做圈层营销,现在依然做大了。白酒企业一定要赚产品的利润、品牌的利润、资本的利润。绝大多数白酒企业只能赚到产品的利润。白酒企业做品牌有两个高利润区,一个在高端,一个在低端。要么做高端酒品牌,要么做低端酒品牌;要么投资高端酒品牌,要么就投资低端酒品牌。那么,有没有例外的情况?凡事都有例外,商业模式更多的是一门艺术,而不是科学,没有放诸四海而皆准的理论。

问题25:殡葬行业可以做大吗?

答:殡葬行业要学台湾的殡葬模式,台湾的殡葬模式主要是直销模式。有些殡葬企业有几千个业务员在卖墓地。卖墓地的提成比卖房地产的提成高很多。殡葬属于半管制行业,高端殡葬企业会有很好的发展前景。目前殡葬行业的上市企业只有中福实业。生老病死是自然定律。殡葬行业的上下游产业链非常多，未来的殡葬企业数量会越来越多。

问题26：鲜花行业可以做大吗？

答：鲜花行业不能在C端赚钱，要在B端赚钱。像高圆圆投资的花点时间，就是从低频的消费变成高频的消费，一束鲜花99元，每周送一次，一年可以送45周，大概也就4000多元。我们要把消费者一次性的消费变成持续一年的消费，否则盈利不可持续。李嘉诚是靠做塑料花起家的，连做塑料花都可以做成一家上市公司，何况做鲜花。

做鲜花还可以向上游延伸。比如，做鲜花旅游观光，一个景区可以用200多万元的玫瑰花做一个花海，做旅游景点中的观赏项目。企业可以赚两笔钱，卖花赚一笔，旅游景区门票分成是赚的第二笔。卖花是一次性的收入，门票是持续性的收入。

问题27：母婴行业可以做大吗？

答：母婴行业的投资机会主要在头部企业。像好孩子的商业模式，被《商界评论》评选为2017年最具投资价值的商业模式。现在母婴行业的竞争非常大，最赚钱的母婴店往往在医院门口，而不是在百货公司和社区里。

现在母婴行业的企业一定要抱团取暖，也就是大家做成母婴联盟，一起做资源整合，否则大家都会活得很累。比如，一个母婴店每年的利润50万元，100家店并表以后就是5000万元，并表以后可以去香港上市，最好是做静态并表，而不是动态并表，因为母婴行业容易走私单。未来能够整合母婴产业的企业不是做母婴的，而是做资本的。

问题28：养鱼行业可以做大吗？

答：淡水养鱼行业做得比较好的上市企业是湖南的大湖股份，它是中国淡水养鱼行业的第一股。企业做淡水鱼要保证上下游都是自己可以掌控的，企业盈利就可以持续。

祖代鱼苗、父母代鱼苗是自己的，养鱼的农户是自己的，饲料厂是自己的，湖权是自己的，渠道也是自己的。这样的企业既赚钱又值钱。像优势资本投资的海鸥食品就是做小黄鱼的企业。海鸥食品用"公司+农户"的模式，掌控了农民；收购英国进口的鱼苗，掌控了鱼的基因；收购了饲料厂，掌控了饲料的质量；买了20年的海域使用权，掌控了海域资源；自建渠道，掌控了经销商资源。海鸥食品入选中国最具投资价值企业的前十名。因为掌控上下游产业链能够让企业的盈利可持续、成长可持续。

问题29：心脑血管防治行业可以做大吗？

答：心脑血管防治行业会有很光明的发展前景。预防医疗比疾病医疗的市场大得多。每年因患心脑血管疾病死的人比患癌症死的人还多。

中国未来一定会有做心脑血管防治的医院。先做心脑血管防治的诊所，再做心脑血管防治的医院，这是发展的顺序。心脑血管防治行业可以采用"爱尔眼科模式"，也就是做专业化的连锁医院。做连锁医院一定要做细分行业里的第一名。要么成为第一，要么成为唯一，要么就创造一个品类使自己成为第一。因为只有成为第一才能让消费者、加盟商、投资人选择你。

问题30：桶装水和瓶装水哪个行业可以做大？

答：答案是桶装水行业。桶装水行业最大的优势就是可以连接人，桶装水企业要做"互联网+"，桶装水行业里的"瑞幸咖啡"。农夫山泉谁喝了我们不知道，但是鼎湖山泉谁喝了企业是知道的。鼎湖山泉目前有200万个左右的用户，3000多个经销商。以桶装水作为入口，鼎湖山泉向老客户和老渠道卖新产品，这就是"互联网+"的本质。未来，鼎湖山泉的用户可以达到2000万～3000万个，如果鼎湖山泉上市，它的市值肯定可以超过瑞幸咖啡，因为水比咖啡更刚需。

问题31：猎头行业可以做大和创业吗？

答：猎头行业要做乙方，用乙方思维做大，用甲方思维做强。目前猎头行业已经有了一家上市企业叫做科锐国际，未来应该会有更多上市的猎头企业。猎头行业的创业机会和投资机会在于细分行业领域，比如，高端猎头、低端猎头、金融行业猎头、房地产行业猎头、大消费猎头、人工智能猎头、5G猎头等。

面对C端的投资机会和创业机会没有了，但是面对B端的投资机会和创业机会还有。未来一定会出现人力资源服务行业里的"阿里巴巴""猪八戒"。人力资源服务属于产业互联网的一个环节。消费互联网没有投资机会了,但是产业互联网和工业互联网依然有投资机会。像优势资本投资的威派格智能水务,现在在A股市场也有100多倍的市盈率。

问题32:幼儿教育行业可以做大吗?

答:幼儿园不能再投资了,但幼儿教育企业是可以投资的。幼儿园走资本市场具备不确定性,但是幼儿教育企业可以用托管模式做大。美国最大的幼儿托管公司的市值有50亿美元,超过红黄蓝。它不做幼儿园,但是它为大中型企业做幼儿托管服务。它用中大型企业的场地为企业员工的孩子做托管服务,这样就节省了员工下班去接小孩的时间。它专门为微软、苹果、特斯拉这样的大型企业做幼儿托管服务。这样的商业模式中国未来一定会有。企业不要降低成本,而要懂得转移成本,将成本转移到上游、下游、合作伙伴身上,用轻资产模式上市。

问题33:如何成为一个合格的投资人?

答:优势资本选择投资人的标准还是比较高的。第一学历必须是清华、北大、交大、复旦,然后就是看这个人适不适合做投资,喜不喜欢做投资。这个标准和专业没有关系,和天赋有关系。人与人之间最大的区别就是天赋的区别。

问题34:一家火锅店如何迅速盈利?

答:连锁企业往往只赚三笔钱,第一笔是卖产品赚钱,第二笔是卖赚钱的机会,第三笔是卖股权增值。开一家火锅店,如果要靠卖火锅赚钱,需要两三年。但是如果是卖加盟权呢?全中国有300多个地级市,2800多个区县,如果一个地级市企业的加盟费是100万元,300个城市企业的加盟费就是3亿元;如果一个县级市企业的加盟费是10万元,2800个区县企业的加盟费就是2.8亿元。请问这300个网点和这2800个网点值多少钱?麦当劳的加盟费有时候高达200万美金,而且五年不一定能回本,但是大家还是愿意加盟,为什么呢?麦当劳卖的是赚钱的机会,加盟麦当劳可以吃一辈子。但是加盟的前提是企业要有品牌。怎样快速树立品牌呢?注册地与地域有关系,火锅要注册在重庆,拉面要注册在兰州，大米要注册在五常，大闸蟹要注册在阳澄湖，灯会要注册在自贡。很多人会问，如果加盟亏损了怎么办？加盟最好和资本结合起来。比如，加盟费50万元，赠送母公司50万元的股权。要是亏了，股权还有价值。

问题35：做企业是产品更重要还是品牌更重要？

答：一流的企业不是卖产品，也不是卖服务，而是卖企业在消费者心目中的印象。比如，王老吉＝败火；沃尔沃＝安全，海飞丝＝去屑，易中天＝三国专家，这个叫作定位。企业做产品不是要做得比别人更好，而是要做得和别人不同。如果你生产出更好的可乐，你如何去说服消费你的可乐比可口可乐更好喝？如果你生产出更安全的汽车，你如何去说服消费者你的汽车比沃尔沃更安全？如果你开发出更好的短视频社交软件，你如何说服消费者你的软件比抖音更好？不是不可能，而是不太可能。所以，做企业不是产品做得比别人更好，而是要与别人的产品不同、商业模式不同、资本运营模式不同。

问题36：你的对标企业是谁？

答：企业的对标分成同行业对标和跨界对标。对标的企业越有价值，你的企业越容易获得融资。对标的企业市盈率越高，你的企业估值也会越高。

同行业对标。比如，数字政通上市时，对标交通行业的金蝶、用友；匹克运动上市时，对标体育行业的耐克。

跨界对标。比如，云放茶园对标"茶叶行业的小米"，新特汽车对标"新能源汽车行业的1919"；1919酒类直供对标"酒类行业的海澜之家"；芭比馒头可以对标"馒头行业的瑞幸咖啡"；喜临门床垫可以对标"床垫行业的小米"；瑞幸咖啡对标"线上版本的7—ELEVEN"。

问题37：如何用聚焦模式将企业做大？

答：很多企业做三五年就倒下了，为什么？就是因为在短时间之内做了太多的事情，失去了企业的经营焦点。像以前的三株"枯萎"，秦池"病重"，幸福"苦短"，爱多"生病"，霸王"别姬"，巨人"倒下"，飞龙"折翼"，太阳"落山"。这些都是民营企业短命的写照。所以企业要懂得做减法，十样会不如三样好；三样好，不如一样绝。

问题38：如何聚焦产品，以小博大？

答：麦当劳是聚焦产品的先行者，麦当劳的品类不超过20种，但是它是全世界最赚钱的餐饮企业。德国阿尔迪、美国好市多、中国的名创优品、玩具反斗城这四家企业的聚焦模式最值得大家学习。很多人认为知名度高可以成功，王菲的知名度很高，但是她在上海的餐厅做得不好。杨澜的阳光卫视也做得不好，但是李静的《非常静距离》却很成功。因为《非常静距离》比阳光卫视更有焦点。阳光卫视什么人都去采访，但是《非常静距离》只采访娱乐明星。鱼和熊掌不可兼得，有所舍才有所得，有所不为方能有所为。机会太多就折磨人，路太多就不知道怎么走了。

问题39：如何聚焦客户，脱颖而出？

答：根据二八定律，80%的利润来自20%的客户，但是给企业带来亏损的却是那10%的劣质客户。效率最大化和利润最大化两者不可兼得，一般来说，客户满意度在80%的时候利润率最高。世界上最好的汽车是劳斯莱斯，可是劳斯莱斯亏损，因为它太追求完美了。我还有一个学员在马来西亚卖保险，他只有37个客户，但是他在这个行业做到了马来西亚第一名，这就是聚焦的结果。

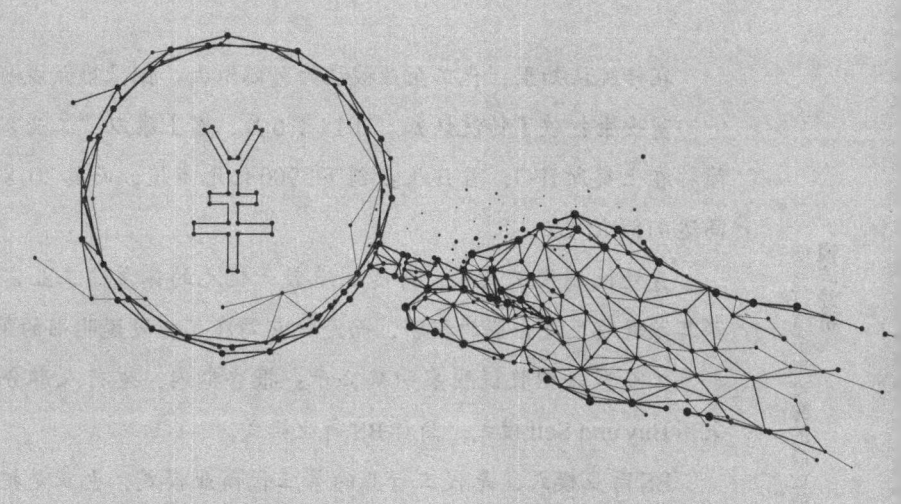

Chapter 3
第 三 章

模式经济的实战案例

"大"就是优势，改变交易结构就能催大企业体量。

工业富联（601138）
业务不变，营收秒变54倍

在传统认知里，代工企业被认为可以做大，但很难做成超巨型企业。

富士康打破了传统认知。2018年6月，富士康以"工业富联"的股票简称在上交所IPO，首日收盘创下3900亿元市值，而其2018年的营收也高达4153亿元。

身处低端代工行业，却能创造数千亿元的体量，工业富联并没有隐藏其做成超巨型企业的秘密，而是把它写在了招股说明书的第63页。

工业富联招股说明书明确公示：报告期内，发行人部分原材料采购采用Buy and Sell模式。简称BS商业模式。

BS商业模式，是代工行业的第三代商业模式，也正是把"蚂蚁"变成"大象"的催化剂。

在工业富联所处的代工行业里，大致有三种角色。

上游为零部件供应商。比如，为iPhone提供触摸屏的蓝思科技；中游就是像富士康这样的代工企业；下游是品牌商，包括苹果、华为、小米等。

这三种角色之间有合作，也有博弈，共同推动了代工行业的商业模式进化。

第一代商业模式是进料加工模式。

在品牌商提出需求后——由代工企业向上游供应商采购零部件，进行组装——再将成品销售给品牌商完成交付。

在进料加工模式下，品牌商不参与零部件的采购，因而无法避免代工企业与上游供应商相互"勾结"，比如虚报采购成本。

于是，在品牌商的推动下，代工行业的商业模式进化到第二代：来料加工模式。

品牌商直接向上游供应商采购零部件——"运输"给代工企业进行组

装——代工企业再把成品"运输"给品牌商完成交付。

在来料加工模式下，品牌商对上游供应商的整体采购量远大于单一代工企业的采购量，因而能够获得更具优势的采购价格。但是，一切都由自己"操办"，品牌商也因此背负了沉重的采购压力。

对代工企业而言，来料加工模式的坏处更多，使其彻底沦为一个劳动力输出环节，只能赚取微薄的代工费，企业价值被阉割掉了。

最后，代工企业与品牌商达成默契，推动代工行业的商业模式进化到第三代：BS商业模式。

品牌商直接向上游供应商采购零部件——再把零部件"销售"给代工企业进行组装——代工企业把成品"销售"给品牌商完成交付。

对比三代商业模式，我们会发现：在进料加工模式中，零部件的买卖进行了一次，发生在供应商与代工企业之间；在来料加工模式中，零部件的买卖也只进行了一次，发生在供应商与品牌商之间。

而在BS商业模式中，零部件的买卖进行了两次：

一次发生在供应商与品牌商之间，继续保证了品牌商对上游供应商的采购控制。

另一次发生在品牌商与代工企业之间。这一次不但使品牌商把采购压力转嫁给代工企业，也使代工企业的营收从来料加工模式中的代工费，变成了成品出厂价，实现了营收倍增。

根据市场研究公司IHS的一份调查，iPhone 6 Plus的部件与劳工成本为216美元，其中代工成本只有4美元左右。

也就是说，不考虑中间环节的溢价和其他因素，在来料加工模式下，富士康每代工一部iPhone 6 Plus的收入只有4美元；在BS商业模式下，富士康的收入变成216美元，业务不变，营收秒变54倍。

在苹果与富士康的合作中，有多个核心原材料采购采用BS商业模式。苹果买进来，卖给富士康，富士康组装完，再把成品卖回给苹果。这些原材料包括主芯片、印制电路板、中央处理器、内存等高附加值原材料。

BS商业模式最重要的意义在于，使品牌商专注研发和品牌营销，代工企业的资本价值则被放大。

进料加工、来料加工、BS商业模式的关键区别在于零部件的采购环节

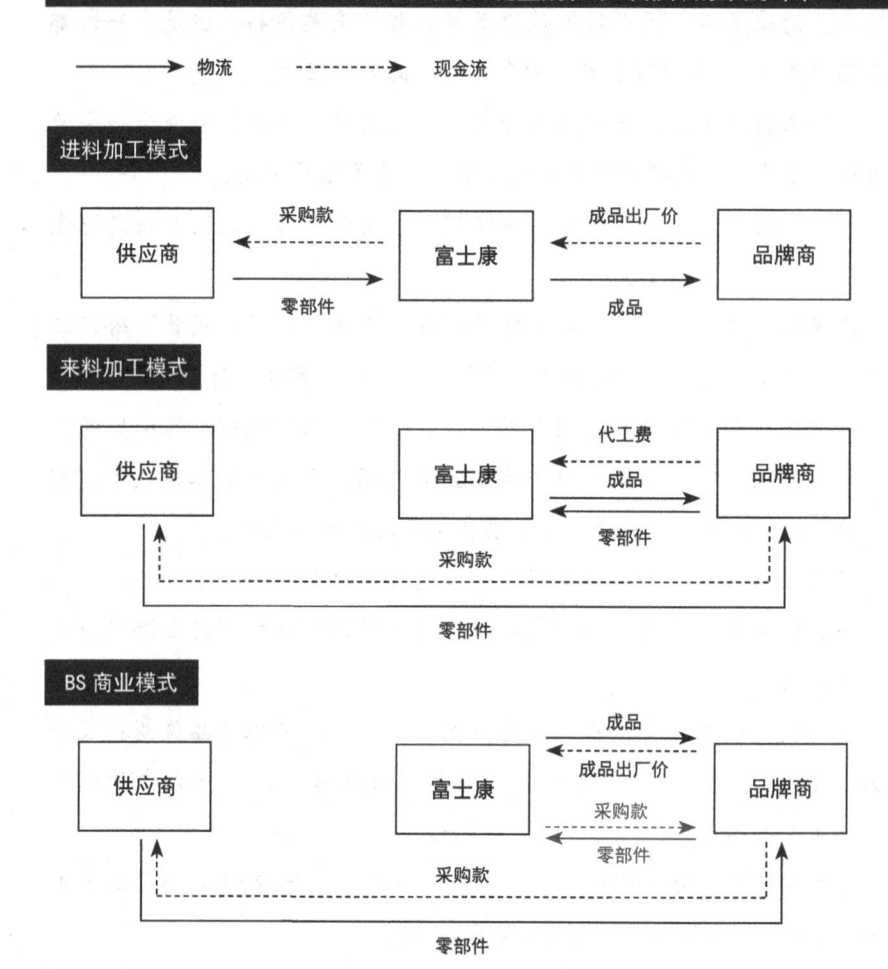

⟶ 物流　　⇢ 现金流

进料加工模式

供应商 ←采购款— 富士康 ←成品出厂价— 品牌商
供应商 —零部件→ 富士康 —成品→ 品牌商

来料加工模式

供应商 　　富士康 ←代工费— 品牌商
　　　　　　富士康 —成品→ 品牌商
　　　　　　富士康 ←零部件— 品牌商
供应商 ⇠采购款⇠　　　　　⇠
供应商 —零部件————————→ 品牌商

BS商业模式

富士康 —成品→ 品牌商
富士康 ⇠成品出厂价⇠ 品牌商
供应商 ←采购款— 富士康
富士康 ←零部件— 品牌商
供应商 ⇠采购款⇠ 品牌商
供应商 —零部件————————→ 品牌商

　　但是，BS商业模式的缺陷也是明显的，即供应商与客户发生重叠，品牌商既是代工企业的供应商，又是客户。当客户集中度较高时，客户就会拥有更大的话语权。如果客户采取提高原材料销售价格、压低产品价格的举措，就会直接导致代工企业的毛利润下降。

　　反映在财务数据中，BS商业模式具有两个表征。

　　一个表征是原材料成本占比较高。2018年，工业富联直接原料成本约为3344.97亿元，占总成本比例高达88.58%。而直接人工成本只有约155.71亿元，只占总成本的4.12%。也就是说，作为一家代工企业，富士康最大的成本并非"工"而是"料"。

工业富联的最大成本是原材料，而非人工

	截至12月31日（年度）			
	2018年	占总成本%	2017年	占总成本%
	（人民币千元，百分比除外）			
直接原料成本	334 496 729	88.58	274 868 812	86.51
直接人工成本	15 571 453	4.12	16 562 634	5.21
辅料成本	12 492 030	3.31	8 515 360	2.68
折旧及摊销费用	3 259 193	0.86	3 402 030	1.07
水电费用	1 457 348	0.39	1 297 083	0.41
其他制造费用	10 364 508	2.74	13 074 430	4.12
合计	377 641 261	100.00	317 720 349	100.00

数据来源：工业富联2018年年报成本分析表

另一个表征是应收与应付同时高企，在工业富联的财报上都高达数百亿元。这在一定程度上表明，代工厂与品牌商在账期上联合"碾压"上游供应商。需要注意的是，工业富联的应收账款逐年增加，可能源于对品牌商，尤其是对苹果公司话语权的下降。

不过，即便市销率只有1倍左右，工业富联依然拥有数千亿元的市值。这说明一个道理："从量变到质变"，"大"也是优势。

※ ※ ※ ※ ※ ※

抓住核心环节，整合产业链，整合出奇迹。

申洲国际（2313.HK）
ODM+OEM，代工净利之王

身处服装代工行业，申洲国际净利率连年超过20%，比其客户耐克、阿迪达斯等国际服装巨头还要高，完全摆脱了人们对"血汗代工工厂"的印象。

活成一个王者，申洲国际的"全产业链垂直整合"发挥了重要作用。

全产业链垂直整合，指往上控制原料供应，往下协调产品销售渠道和物流保障，尽量抓住核心环节利润，压缩与转移成本。

传统服饰的制造环节非常烦琐，一个企业负责其中几个环节，环节间的交接涉及采购、谈判，工期会不断延长。

尤其是面料的研发及生产，属于服装业的技术密集环节，只有少量的面料ODM企业具备这种能力，并且需要投入大量的资金和技术，属于业内附加值最高的部分。与之相反，成衣OEM属于劳动密集环节，参与者众多，附加值小，竞争的关键在于规模和效率。

过去，国际服装巨头一般都会把面料需求下达给面料ODM企业，由后者研发攻关。面料研发及生产成功后，再由成衣OEM企业采购面料，组织成衣生产。

显然，从面料ODM企业到成衣OEM企业的环节，耗费了大量的时间，从纱线到织布到成衣，一般需要3个月。

申洲国际注意到面料研发及生产环节的价值，从20世纪90年代起便持续地把利润的90%投入面料研发。2005年申洲国际上市，其资本支出也长年维持在净利润的30%以上，主要投入设备和技术改造方面。

长期的研发投入，申洲国际积累了大量的专利技术，尤其是面料专利数量居于业内领先水平，每年新研发的面料超过1000种。在此基础上，申洲国际成功地把面料ODM环节与成衣OEM环节整合为一体，整个工期可以缩短到45天，加急可以缩短到15~30天。

申洲国际在工期上拥有绝对领先优势

	传统成衣制造商生产周期	垂直一体化制造商生产周期
样品确认	0.5月	0.5月
接受订单	1.0月	1.0月
面料生产和采购	2.0月	1.5月
产品制造	1.0月	
包装发货	0.5月	0.5月

"面料+代工"的意义不仅是缩短工期,还在于申洲国际几乎整合了服装产业链中游的几乎全部环节,集织布、染整、印绣花、裁剪与缝制四个完整的工序于一体,在其掌控范围内没有"第三方",成本控制的腾挪空间由此得到极大扩展。申洲国际甚至可以把大多数代工环节都放在一个工厂内,从而节约了大量的物流成本和仓储成本。

　　工期短,成本低,国际服装巨头自然更青睐于申洲国际的"面料+代工"模式,而不是分别选择面料ODM企业和成衣OEM企业。翻阅申洲国际财报,其客户已经涵盖耐克、阿迪达斯、彪马,优衣库等国际服装巨头,堪称最豪华的客户阵容。

申洲国际对下游"豪华客户阵容"的话语权依然可控

截至12月31日（年度）
（人民币亿元,百分比除外）

	2016年	2017年	2018年
营业收入	150.99	180.85	209.50
总资产	218.16	240.93	275.52
被下游占款的情况			
应收账款及票据	26.53	28.15	35.65
应收占营收的比重	17.57%	15.57%	17.02%
应收占资产的比重	12.16%	11.68%	12.94%

　　我们在分析普滤得的商业模式时,谈到客户阵容的豪华可能导致公司话语权低下。具体表现为应收账款规模较大、预收账款规模较小,反映出其被下游占款情况严重。

　　2016—2018年,申洲国际应收账款及票据规模为26.53亿元、28.15亿元、35.65亿元,其占营收及资产的比重较小,且账龄主要在3个月以内,风险较小,说明其对下游话语权依然可控。

　　原因在于: 申洲国际的强大,已经让下游客户不能抛弃它。

　　一方面体现在申洲国际为主要客户如阿迪达斯、耐克单独设厂,完全隔离,做到客户间的完全保密,这对服装业而言属于极稳妥而又非常罕见的"VVIP服务"。

另一方面，申洲国际已经开始反向影响客户，其面料研发的进度超前于客户需求。现在研发出来的面料，未来则由客户选择投产，即服装业未来流行什么，实际上是由一家代工企业的面料研发成果来决定的。

由此，申洲国际与客户的关系产生了重大连锁反应。具体体现为，现在申洲国际面料专利的研发成果，将带来其中期设备技改投入的增加，最后带来中远期相关营收的增长。

2013—2014年，申洲国际迎来面料专利的爆发期——2015—2016年，其技改与设备研发专利申请数量发生井喷——2016年以后其营收以大于15%的速度激增，一直持续到现在。

近年来，中国内地劳动力成本上升，开始影响整个服装代工行业。申洲国际从2005年起便把部分成衣OEM生产搬迁到柬埔寨，2014年起在越南布局面料ODM研发生产，从而拥有更低的劳动力成本、电价成本，以及一定的税收优势。

从中国到东南亚，乃至全球，申洲国际演绎了一个不一样的代工故事。

* * * * * *

二流公司卖货，一流公司流量占股。

小米集团（1810.HK）
费用分边，流量占股

以"同股不同权第一股"的身份，小米集团于2018年7月在港交所主板IPO，掀起科技股赴港上市的高潮。

自2010年成立以来，小米曾与魅族、三星、锤子、vivo、OPPO、华为乃至苹果公司对标。这与小米的商业模式有关：既是硬件公司，又是互联网公司，还是生态公司。

小米的本质，是披着"制造业外衣"的互联网生态企业，它的基本商业模式是流量—平台—变现。

与TMT（电信、媒体、技术）企业的互联网服务不同，小米依靠性价比超高的小米手机抓取流量。雷军曾有个著名的宣言：小米硬件综合净利润率永远不会超过5%。这意味着，小米手机的盈利能力被人为限制了。

借助手机业务获取流量后，小米对外投资扩张品类，形成IoT生态，向粉丝提供电视、手环、插座、笔记本电脑等硬件产品，美其名曰"杂货铺模式"。

这些对外投资可以归为两类：被小米认定是重要的、有必要施加影响的公司，计入按权益法入账的投资；被小米认定是合作的、不需要施加影响的公司，计入按公允价值计量的长期投资。

"杂货铺模式"完美诠释了小米的价值：二流公司卖货，一流公司流量占股。

2018年小米的财报显示，按权益法入账的投资为86.39亿元，按公允价值计量的长期投资为186.36亿元。也就是说，小米构建的IoT生态是以"不控股、不施加重要影响"的合作伙伴为主。

不过，"杂货铺模式"只解释了小米商业模式的"What"，并没有解释"How"——除了流量，小米集团究竟凭什么建立了庞大的小米生态？

这其中的秘密就是"费用分边"。

对小米而言，手机硬件产生的利润较低，不足以支撑IoT生态的硬件研发。但是，通过合作参股，小米的生态链企业事实上为小米承担了研发费用，撑起了IoT生态的品类矩阵。

对生态链企业而言，它们普遍存在的问题是品牌力弱、远离市场和用户。然而，小米为生态链企业提供了流量平台，也即打通了销售渠道，小米相当于为生态链企业承担了销售费用。

也就是说，小米与生态链企业，完成了销售费用与研发费用的分边承担，双方各显所长、各取所需，建立了"共和"的生态。

2016—2018年，小米研发费用为21.04亿元、31.51亿元、57.77亿元，占营收的比重始终未超过4%。这要远远落后于华为2018年的研发费用1015亿元，以及占营收14.1%的比重。

华米科技为小米补充研发投入，小米为华米科技分担销售费用

华米科技	截至12月31日（年度）		
	2018年	2017年	2016年
	（人民币亿元，百分比除外）		
营业收入	36.45	20.49	15.56
研发费用	2.63	1.54	1.32
研发费用占营收	7.2%	7.5%	8.5%
销售费用	0.97	0.44	0.28
销售费用占营收	2.7%	2.1%	1.8%

数据来源：华米科技2018年年报

但是，小米的研发费用并不包括生态链企业的，如果加入100多家生态链企业，其研发规模同样不容小觑。

为小米IoT生态提供可穿戴产品的华米科技，是第一家上市的小米生态链企业。

2016—2018年，华米科技研发费用为1.32亿元、1.54亿元、2.63亿元，占营收比重为8.5%、7.5%、7.2%，均超过小米，可视为华米对小米研发的补充。

同时，2016—2018年，华米科技的销售费用为0.28亿元、0.44亿元、0.97亿元，分别只占营收的1.8%、2.1%、2.7%。而智能手环市场曾经的老大FITBIT，销售费用占营收比重长年超过25%。两者对比，可见小米为生态链企业提供流量加持的作用。

华米借助小米的流量，成为全球最大的可穿戴设备厂商。但是，这种"共和"生态完全建立在一个前提之上：小米手机业务需要保持坚挺。

由于轻资产的商业模式设计，小米是没有工厂的硬件厂商。这带来上游管控力的匮乏：小米受制于上游供应商，产能不稳定；同时，高通、三星等上游供应商都能钳制小米的核心零部件供应，使其缺乏足够的话语权。

这些不利因素，均是小米手机业务的隐患。

小米没有工厂，既带来轻资产运作的好处，也带来受制于上游供应商的隐患

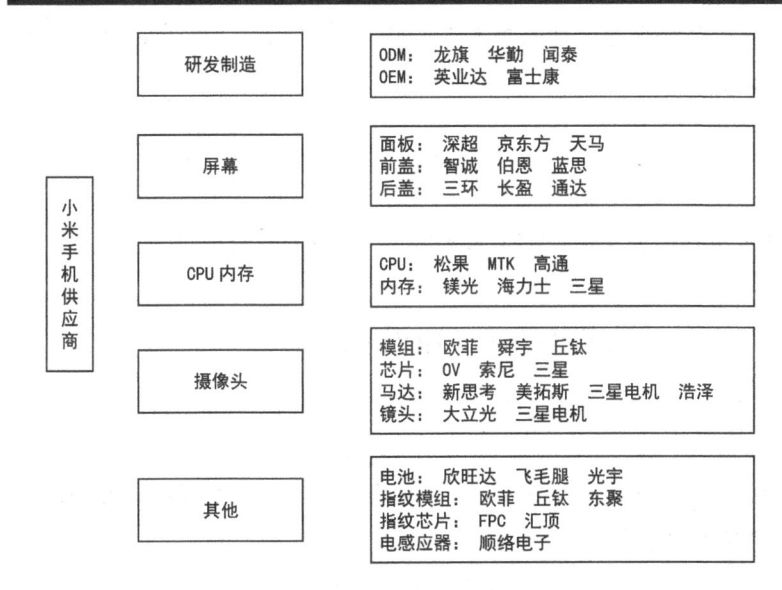

小米手机供应商：

- **研发制造**
  - ODM：龙旗　华勤　闻泰
  - OEM：英业达　富士康

- **屏幕**
  - 面板：深超　京东方　天马
  - 前盖：智诚　伯恩　蓝思
  - 后盖：三环　长盈　通达

- **CPU 内存**
  - CPU：松果　MTK　高通
  - 内存：镁光　海力士　三星

- **摄像头**
  - 模组：欧菲　舜宇　丘钛
  - 芯片：OV　索尼　三星
  - 马达：新思考　美拓斯　三星电机　浩泽
  - 镜头：大立光　三星电机

- **其他**
  - 电池：欣旺达　飞毛腿　光宇
  - 指纹模组：欧菲　丘钛　东聚
  - 指纹芯片：FPC　汇顶
  - 电感应器：顺络电子

数据来源：旭日大数据《2017年小米供应链调研报告》

当智能手机市场尚处于创新、硬件堆砌的竞争阶段时，小米手机仍可通过性价比保持头部地位；但是，当整个市场进入以降价为主的竞争阶段时，小米手机将面对性价比缺失的尴尬。2018年以后，这一态势已经初现端倪，华为、iPhone 均已祭出低价策略。

面对可能发生的困难，小米仍有辗转腾挪的空间，即调整、更换流量的硬件载体，从 IoT 生态的"近卫军"中扶植一个新的"小米手机"。

比如新冒出的小米电视，几乎与小米手机同出一辙。

第一，由小米亲自负责研发、设计；

第二，交于纬创、新谱电子、广东 TCL、深圳兆驰、苏州乐轩科技、瑞仪（广州）光电子，以及富士康等企业代工生产；

第三，坚持低成本、低价格的竞争策略，为吸引流量不惜"先亏钱、后赚钱"。

2018年，小米电视已经冲上电视机市场销量第一的宝座，其势头与小米手机相比有过之而无不及，现已成为一个新的流量入口。

在小米电视之后，还有小米盒子、小米音箱、小米笔记本电脑、小米空调……真正的生态，即穿越周期，不时有"新芽"冒出，这才是生态模式的核心价值。

※ ※ ※ ※ ※ ※

让下游占股，说明自己有价值；占股上游，说明自己有地位。

格力电器（000651）
上下通吃，雪中送炭

格力电器是中国制造业显赫的"单项冠军"，在空调市场拥有超然的地位和卓越的表现。

格力是"传统制造型企业"，它的基本商业模式是研发—生产—销售。对外，格力一直宣扬"掌握核心科技"，即突出研发优势，提高品牌溢价。

不过，格力能成为与美的并驾齐驱的家电巨头，研发固然重要，起决定性作用的还是其销售渠道。

从1997年开始，格力就对其销售渠道进行了资本顶层设计，变"区域多家代理商制度"为"股份制区域销售公司"。

简单说，就是由格力牵头控股，在各地成立销售公司，让区域内一级经销商参股销售公司。

在销售公司内，格力不参与分红，经销商除了赚取经销差价，还能分享销售公司的利润。

销售公司的模式，结束了区域经销商的内耗，格力与经销商的关系从合作关系迈向股东关系，格力开始掌控下游经销商。

2004年，著名的"格力退出国美"事件爆发。失去KA渠道的格力，在区域销售公司的支持下，营收不减反增。

接下来，格力的渠道模式继续升级，呈现出与泸州老窖柒泉模式不同的内容。

2007年，格力的10家主力区域销售公司成立河北京海担保有限公司，受让格力电器上市公司10%的股份。至此，格力完成外部合伙闭环，与经销商牢牢捆绑在一起。

董明珠的"横"，藐视国美，怒怼美的，冷看小米，皆源自上述渠道模式设计所形成的闭环：渠道给力—回款优势—保障研发—溢价提高—渠道给力。

格力强势的表现：应付>应收，预收高

	截至12月31日（年度）			
	2018年	占营收比重%	2017年	占营收比重%
	（人民币亿元，百分比除外）			
营业收入	2000.24	—	1500.20	—
应收票据及账款	436.11	21.80%	380.71	25.38%
应付票据及账款	498.23	24.91%	443.20	29.54%
预收账款	97.92	4.90%	141.43	9.43%

当然，经销商之所以愿意与格力合作，还源于一个核心机密：销售返利。

销售返利是制造业企业常用的营销措施，但在空调行业较难实施。这是因为空调销售有明显的淡旺季之分，销售主要集中在夏季，这导致产销严重脱节，企业很难维持健康的成本结构。

1994年，董明珠被任命为经营部部长，甫一上任便创造性地提出了"淡季返利"模式。

简言之，经销商在淡季打款提货，至少享受四重优惠：打款贴息，经销商在9月打款有4%的贴息；提货奖励，从每年9月开始计算，金额为提货额的4%，按月递减0.5%直到3月；淡季奖励，9月到次年3月提货额的1%~2%；年终返利，全年销售额的8%~11%。

淡季返利极大地提升了经销商淡季提货的动力，相当于折价提货，还能获取奖励。同时，淡季返利犹如雪中送炭，有效解决了格力电器在淡季时的生产成本失衡问题，并得以囤积大量的资金。

2016—2018年，格力电器预收账款分别为100.22亿元、141.43亿元和97.92亿元。百亿元规模的预收，彰显其对经销商的强势地位。

在历史上，空调及白电行业曾历经数次行业寒冬，诸多企业在价格战中损失惨重。唯有格力电器凭借淡季返利，屡屡在市场竞争中进退自如、游刃有余。

在逐渐掌控下游的同时，格力得以腾出手来发展自己的"核心科技"。

2005年成为格力电器历史的转折点，这一年格力打破西方离心机垄断，下线了自己研发生产的第一台超低温热泵数码多联机组。

此后，格力每年均有重大研发突破，并在2011年下线全球第一台高效直流变频离心机组。

强大的研发实力，使格力在离心机、压缩机、电机、电容等空调核心零部件上都有突破，显著增强了其毛利获取能力。

尤为关键的是，在董明珠执掌时期，格力电器向上游渗透，突击增持海立股份至10%，而后者是全球空调压缩机的核心研发供应商，掌握全球1/7的市场份额。

掌握核心科技，格力在研发投入不如美的的情况下获得更高的毛利率

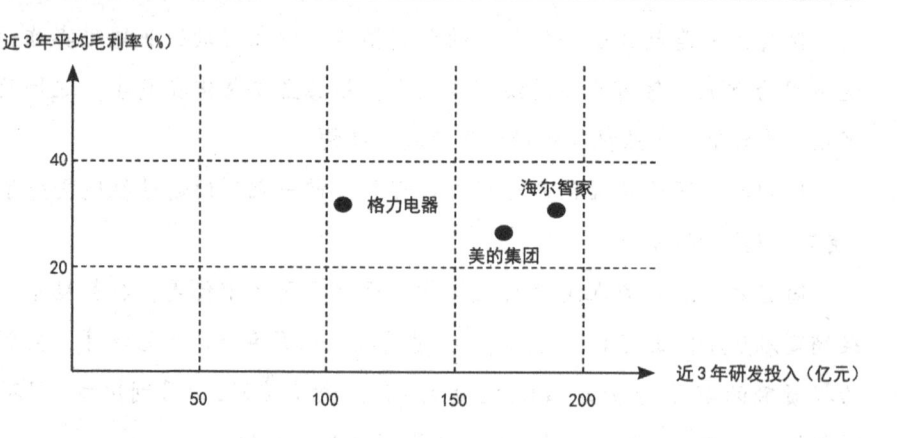

通过自主研发和并购，格力电器在空调产业实现了上下游通吃。

近年来，格力电器有意多元化发展，押注手机、新能源汽车和芯片等产业，但表现不佳，并未取得类似空调那样的业绩。

这是因为，格力的商业模式强调自主研发，追求对合作公司的控股或施加重要影响，必将导致投资规模大，回报周期长。

同时，格力选择的转型方向也基本与其最大优势——区域销售公司所掌握的渠道不匹配。其中理论上最匹配的手机，近年来的购买场景也正向线上电商、KA渠道集中，零售专卖店的地位在下降。

这就意味着：没有渠道回款支持，研发进程遥遥无期，格力的多元化现金流吃紧。

高瓴资本的战略入股，或许能改变格力电器的商业模式，采取更开放及务实的多元化策略，这或许是再造格力的开始。

* * * * * *

资本和媒体对不同行业的轻资产模式，给予不同的态度和估值。

小狗电器（IPO中止）
不做主机厂，专注做整合商

因利润规模不足等原因，小狗电器2019年中止IPO。

小狗电器成立于1999年，专注做吸尘器的生产和销售，最早的商业模式就是传统的研发—生产—销售，与格力同出一辙——上游对接零部件供应商，下游对接国美、苏宁等大型线下零售商，自己负责制造环节。

从2007年开始，小狗电器的商业模式发生了根本性转变。

第一，销售渠道从线下转移到线上，几乎全部向淘宝网、天猫、京东等线上电商平台转移。

第二，放弃制造环节，不再设厂和购置生产设备，完全转向轻资产模式，即通过ODM、OEM方式委托代工，直接采购成品。

转型后，小狗电器的商业模式其实就和小米、三只松鼠相似，只是它的转型时间比小米、三只松鼠的成立时间还要早。

小狗电器的轻资产模式，符合日本管理学大师大前研一先生的预测，未来成功企业的商业模式向"转移成本""掌握客户"两个方向发展。在制造业，主机厂数量繁多，并不缺乏优秀的制造者，但掌握品牌与客户的参与者极少。小狗电器向轻资产转型，有助于其转移制造环节的成本，同时把精力放在研发、设计和品牌营销上，进而掌握客户。

采取类似的商业模式，在财报中必然具备两个特点。

第一，固定资产规模偏小，存货占总资产比重较大。

小狗电器"轻"到极致，固定资产只有百万元级别

	截至12月31日（年度）			
	2017年	占资产比重%	2016年	占资产比重%
	（人民币万元，百分比除外）			
存货	7967.05	25.70%	7077.78	48.48%
固定资产	109.93	0.35%	169.74	1.16%

小狗电器的招股说明书显示，其固定资产的规模仅有100多万元，占总资产的比重最多的时候仅有1.16%。

同时，除了固定资产和货币现金，小狗电器资产中规模最大的就是存货，2015—2017年分别为6046.48万元、7077.78万元、7967.05万元，占总资产的比重为53.51%、48.48%、25.70%。

第二，为购买线上流量，销售费用较高。2015—2017年，小狗电器销售费用分别为8478.37万元、1.73亿元和2.05亿元，占营收的比重分别为36.23%、33.53%、29.45%。

小狗电器商业模式特点：销售费用高，研发费用低

	截至12月31日（年度）			
	2017年	占营收比重%	2016年	占营收比重%
	（人民币万元，百分比除外）			
销售费用	20500.00	29.45%	17300.00	33.53%
研发费用	1050.96	1.51%	787.20	1.53%

同时，我们能发现，2015—2017年，小狗电器营收持续增长，销售费用占营收的比重持续下降，说明其进入一个不错的增长期。

小狗电器2014年建立了"中央维修"的售后服务模式，成为其核心竞争力。具体为，小狗电器在北京设立中央维修中心，保修期内由小狗电器全包下单、物流和维修，且损坏原因不分责任，全部照样赔偿。

这样大胆的售后服务，实际上就是"宠溺"用户，把售后成本和费用转为营销（销售）费用，比单纯地做广告效果更好。

按照想象的情况，小狗电器放弃制造环节后，其研发投入应该上升，至少与品牌营销方面的情况一致，出现研发费用增长较快的情况。

但实际情况是，小狗电器的研发费用极低，招股说明书中显示，2014—2016年，其研发费用分别为266.82万元、456.93万元、787.20万元，占营收的比重不断下滑，甚至已经低于3%的高新技术企业优惠税率研发占比红线。

这是因为，小狗电器的"轻"模式是绝对的"轻"，其接近一半的产品采用ODM模式进行生产。ODM与OEM的区别是：OEM仍要承担新品开发、产品设计等方面的研发，交予代工厂的主要是生产环节；ODM模式则是把产品设计等研发环节也交予代工厂实现，小狗电器只是提出需求和下订单的一方，在生产环节的最后贴上自己的商标。

因此，小狗电器在很多时候扮演的是一个整合商，所谓研发环节实际发生在上游供应链，代工厂的研发成果决定下游整合商的产品呈现。

类似的情况，也发生在食品行业，比如三只松鼠，资本与媒体并不在意其研发费用的多少，而是把重心放在食品安全问题上。但是发生在家电行业，具体落脚于小狗电器，公众就会格外在意其研发费用的多少，并质疑其营销中有关科技性方面的来源。

值得一提的是，作为一家食品快消企业，三只松鼠2019年前三季度的研发费用也高达3000多万元，凸显小狗电器研发不足的尴尬。

通过招股说明书，我们能发现，小狗电器在逐年缩小其ODM模式的产出比例，但在其募资用途的说明里，有关研发的部分非常少，反而购买办公楼需要2.49亿元，营销推广需要1.38亿元……

小狗电器公布招股说明书后，便遭到媒体的一致质疑，为其冲击创业板上市蒙上阴影。2019年，在遭遇史上最严IPO审查后，小狗电器宣布中止IPO审查。

不过，小狗电器的失败，并不能说明家电业轻资产模式冲击IPO一定失败。2018年，在扫地机器人领域，同样为轻资产模式的科沃斯成功在主板上市。

其中的关键，在于科沃斯始终坚持自主研发，拥有数百项专利。

在品牌和渠道上持续投入，"小东西"亦能建立"护城河"。

公牛集团（603195）
品牌是想得到，渠道是买得到

公牛集团2020年2月如愿IPO，上市10天市值突破1000亿元。作为一家主营业务为"插座、开关"这种小东西的上市企业，其一年净利润竟有十几亿元，令绝大多数制造业企业咋舌。

公牛集团的成功，来自品牌与渠道两个方面的定位成功。

公牛集团成立于1995年，一直以"高品质转换器（插座）"著称，而支撑其中高端定位的品牌战略，即最早踩中"安全"这一核心痛点。

公牛集团通过长年累月的营销投入，在消费者心中塑造了一个产品形象：公牛安全插座——注意，这并不是"公牛插座很安全"。前者是一个品类，后者是一个广告。

把卖点包装成一个品类，公牛集团成功地让消费者一想到安全就想到公牛插座，或者是"世界上有两种插座，一种是公牛安全插座，一种是其他插座"。这就在无形中抬高了品牌溢价，树立了坚不可摧的品牌形象。

公牛集团的"安全"品牌印象，在财报中已经有所体现。2015—2018年，公牛集团营收增长了103%，而其销售费用率是呈整体下降趋势的，2015年为10.23%，2018年只有8.24%。这说明，公牛集团的品牌效应已经形成了一定的用户基础。

公牛的"安全"属性已经形成市场印记：营收增长，销售费用率下降

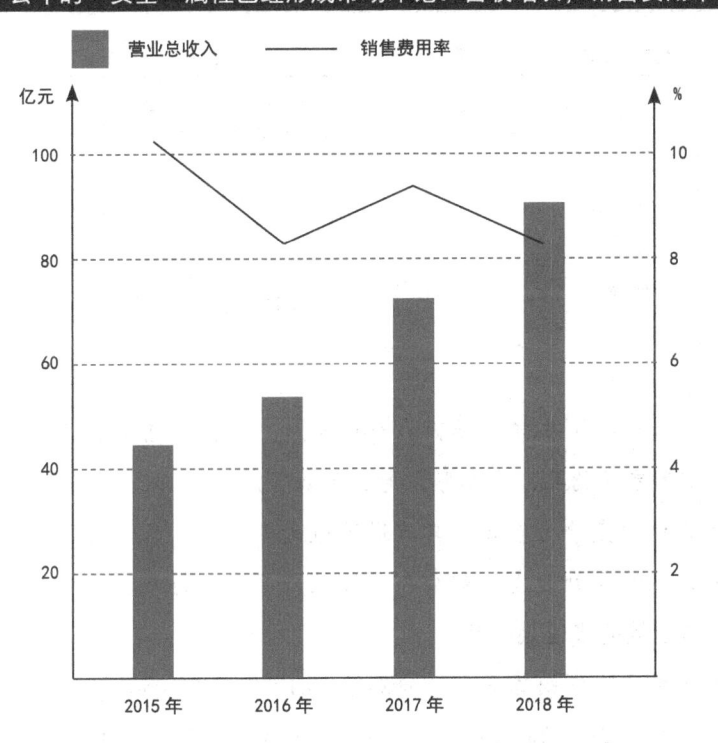

图表：营业总收入（亿元）与销售费用率（%），2015年—2018年

在渠道方面，公牛集团与友商一样，都采取了"经销为主，直销为辅"的策略。但是，与友商倚重专卖店、KA渠道不同，定位中高端的公牛集团却以五金日杂店、办公用品店、超市、建材及灯饰店、数码配件店等小而散的网点为主，线下网点数量超过100万个，是友商的10倍，甚至100倍。

更小、更散的店面，在某些行业意味着溢价能力更低，比如家电、厨卫、珠宝行业。但是在插座、开关这个行业，属于生活必需品类，甚至带有一些"应急"属性，最重要的是并非店有多大、多豪华，而是让用户随时随地都能买得到。

庞大的网点规模，全面的网点覆盖，不仅形成了公牛产品"就近购买"的渠道优势，对竞争对手而言也制造了强大的渠道壁垒，形成了绵延的"护城河"。当公牛产品成为用户最便捷的选择时，自然而然就成为用户唯一的选择。

公牛集团的渠道以"小"而"杂"为特征

	经销商数量	网点数量	渠道特征
公牛集团	2179 家	近 100 万个	大流通渠道优势显著；优势主要体现在五金和乡镇渠道
欧普照明	2000+ 家	约 10 万个	专卖店优势显著；以大店为主，零售终端数量较少
飞科电器	669 家	——	KA 渠道优势显著；大量的终端店，KA 渠道的渗透完善

数据来源：各公司招股说明书

同时，公牛集团大力支持经销商在终端投放广告，如店头招牌，店内店外陈列展示和宣传物品，使其形象走进千家万户。

公牛集团的核心竞争力，正是其流通渠道的多与广。而"价高"的优势，使渠道终端的盈利越发依赖公牛集团的产品，卖得多、卖得贵，盈利就高，有利于提高渠道忠诚度。

2016—2018 年，公牛销售毛利率分别为 45.17%、37.74%、36.63%。同时期正泰电器为 29.91%、29.32%、29.67%；动力未来为 16.71%、21.78%、16.43%。

显然，公牛集团的毛利率更高，是插座里的"贵族"。终端销售这样的"尖货"，更易形成稳定可观的收益。

在业内，公牛集团属于对经销商扶持力度最大的一家企业。比如，公牛集团的实际控制人之一阮立平的配偶潘晓飞，多年来一直向经销商提供个人借款，以保证经销商业务的连续性。仅在 2017 年，新增的经销商借款本金就高达 9500 万元，用以向公牛集团采购。

而当借款收回，为避免经销商再次出现资金短缺问题，公牛集团还会给予经销商一定的商业信用支持，对单一经销商授予其经折算月销量任务的 80% 的商业信用额度，总额不超过 1.5 亿元。

实控人的配偶借款给经销商做采购，是一种高明的手段。首先，它规避和封死了对公的先货后款现象的发生，继续维持了公牛集团对下游渠道商的话语权和强势地位。其次，借款发生在上市公司体系外，但消化的却是上市公司的存货，维持了上市公司营收的稳定性，虽然可能招致一定非议，却也是解决问题的权宜之计。

公牛集团在商业模式上的布局，可以类比格力，属于产品力与渠道力双轮驱动的企业，用持续的产品质量优势，形成良好的产品口碑，并且非常注重经销商的利益，通过扩大经销商规模，带来企业规模效应。

这样的商业模式布局本就是"先难后易"的布局，一旦形成优势，产生正向循环，企业就能建立易守难攻的"护城河"。

* * * * * *

能力强有时不是好事，一手交钱一手交货的模式永远比先货后款的模式强。

普滤得（430430）
"交钥匙模式"不如先款后货

在新三板的挂牌公司里，身处水处理行业的普滤得属于明星公司，其市值最高曾达到130亿元。

然而，这家明星公司随后却开启了暴跌之路。2020年2月，普滤得的市值仅剩3000多万元，不到最高点时的零头。

普滤得之所以出名，在于其主营瓶装水生产设备，客户名单皆是巨头公司，包括百事、雀巢、依云、恒大冰泉、加多宝、昆仑山、娃哈哈、康师傅、农夫山泉等。

2017年，普滤得最大的客户正是"农夫山泉湖北丹江口（均州）饮料有限公司"，销售金额1871.79万元，占比28.46%。从以往财报可获悉，普滤得生产的超滤系统与核心膜组件，还被广泛运用在农夫山泉的长白山、峨眉山、千岛湖、万绿湖等产区。

"明星"云集的客户阵容，普滤得的情况与服装代工企业申洲国际、新房代理商易居类似。然而，申洲国际净利率吊打客户阿迪达斯、耐克，易居二次上市、业绩稳步上升、市值仍逾百亿元，普滤得却业绩

"腰斩"、市值"成仙"。

出问题的地方是普滤得在行业内的话语权极低。

在水处理行业，强势企业的商业模式就是卖设备，一手交钱一手交货，交付后如涉及维修、调试服务，则另外收费。弱势企业的商业模式则是卖设备要搭服务，先干活后收钱。

普滤得最早的商业模式，就是一手交钱一手交货。但后来或许是为了争取客户，将商业模式调整为"设备+服务"的全产业链模式，俗称"交钥匙模式"。类比装修行业，就是装完房子还质保多年才能拿到钱。

商业模式变化带来的最大后果，就是交付周期长，货款回收慢，收入确认非常艰难。

2017年，普滤得88.32%的收入都是以"完工百分比法"确认的，换句话说，就是活干了但钱没收到。

所谓"全产业链""交钥匙模式"，能够体现出一家公司强大的交付能力，但是在商业模式领域，它们代表的可能就是弱势、话语权低。

普滤得对下游客户的话语权接近于"零"

截至12月31日（年度）
（人民币万元，百分比除外）

	2016年	2017年	2018年
营业收入	8360.70	6576.12	5021.41
总资产	26400.00	26400.00	29100.00
总负债	6410.32	5581.91	7862.17
占款下游的情况			
预收账款	2.48	21.86	76.26
预收账款占营收的比重	0.03%	0.33%	1.52%
预收账款占负债的比重	0.04%	0.39%	0.97%
被下游占款的情况			
应收账款及票据	12700.00	12100.00	6476.56
应收占营收的比重	151.90%	184.00%	128.98%
应收占资产的比重	48.11%	45.83%	22.26%

弱势的地位，最直接的表现就是应收账款数额大。

应收账款数额越大，说明面对客户越弱势。2015—2017年，普滤得营业收入分别为10069万元、8360.70万元、6576.12万元，但年末应收账款竟然是10990万元、12700万元、12100万元，比当年营业收入还高，占总资产比重接近一半。

其中，2017年的最大客户农夫山泉在普滤得年报发布时尚欠1971万元，比当年贡献的销售金额1871万元还高！

需要注意的是，在应收账款高企的同时，普滤得2017年预收材料设备款只有21.86万元。预收账款就是"先收钱再办事"，属于收入的先行指标，预收账款太少意味着其未来盈利能力堪忧。

在强势企业里，发出商品、质保金、业务招待费可谓闻所未闻。所谓发出商品，就是货还在路上，钱也没到；质保金就是保证金；业务招待费可理解为销售公关费用。遗憾的是，普滤得的发出商品、质保金、业务招待费全部在列。

企业与客户打交道就像谈恋爱结婚。明星级的客户或能一时撑大企业估值，带出去让企业（老公）倍儿有面子；但客户太任性就宛若老婆太刁蛮，足以令企业（老公）憋出内伤。

从普滤得这家公司，我们能够看到一家商业模式落后的弱势企业的全部。这家曾经计划IPO的公司，吃亏在隐姓埋名于产业链后端。

为了增强话语权，普滤得已实际控股了一家直饮水公司和一家矿泉水公司，怀揣从后方跨越至前线的野心。

相比之下，易居解决其弱势地位的做法，是主动让客户入股，即让一、二线开发商入股，把客户做成了股东。

普滤得已经丧失了让其客户成为股东的时机——能让下游企业占股，本身就说明你很值钱。

* * * * * *

厂商主导、经销商主导、厂商与经销商共赢。

贵州茅台（600519）
五粮液（000858）
洋河股份（002304）
泸州老窖（000568）

中国白酒上市公司的渠道模式

白酒，是世上最好的生意之一。毛利高，把"水"卖出高价；"护城河"深，砸钱砸不出名酒；资本青睐，截至2021年5月白酒企业有19家上市公司。

白酒作为一种特殊的消费品，白酒企业最重要的是渠道模式。

白酒企业的销售体系

一般意义上的白酒销售体系与快消品销售体系相同，包括三个部分。

一般意义上的白酒销售体系，离不开渠道体系的杠杆作用

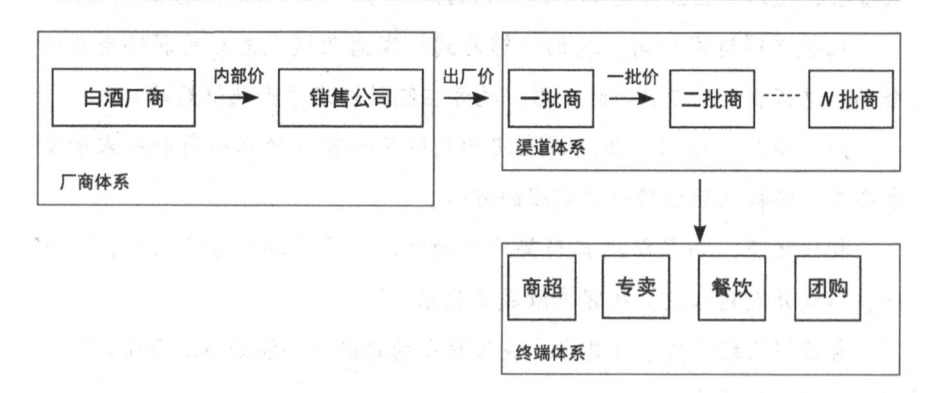

```
[白酒厂商] —内部价→ [销售公司] —出厂价→ [一批商] —一批价→ [二批商] ---- [N批商]
 厂商体系                                  渠道体系
                                              ↓
                                    [商超] [专卖] [餐饮] [团购]
                                           终端体系
```

第一个部分是厂商体系，以厂商自身为主，同时可能下设一家销售公司。厂商与销售公司之间以"内部价"结算。

设立销售公司有助于管理专业化。同时，"内部价"一般都要比"出厂价"更低，从而降低税基实现避税。

如果销售公司存在于上市公司体系外，那么则存在利益输送、虚增业绩的可能。

第二个部分是渠道体系，即经销商体系，由一批商、二批商、三批商……N批商组成。N越小，可称为渠道往扁平化发展；N越大，可称为渠道向精细化发展。

借助经销商体系进行铺货，对厂商而言相当于使用了杠杆，由经销商承担部分资金，即厂商占用了经销商的资金。相反，不使用杠杆、由厂商直接连接终端的渠道模式，一般被称作渠道完全的扁平化，是让利给消费者的商业模式，比如直销模式、工厂店模式、互联网企业的B2C、C2C、C2M模式。

因为毛利高、净利高，留给各级经销商的利润空间大，所以白酒更适合使用杠杆。比如贵州茅台，按2019年的价格，出厂价为969元，零售指导价为1499元，给渠道体系的利润空间就有530元。

第三个部分是终端体系，由商超、餐饮渠道、烟酒专卖店、政企团购客户等组成。

三个部分中，厂商体系与渠道体系的关系是需要重点研究的课题。历史上，中国白酒企业的渠道模式经历了数次变迁。

渠道模式变迁

第一个阶段是在1988年以前，渠道模式为国家主导模式。白酒的销售归各级国营糖酒公司，统购统销，基本处于供不应求的阶段，厂商只管生产。

第二个阶段是在1988年以后，国家放开价格管制，市场经济趋于主导，厂商开始主导销售，发展渠道体系。

第三个阶段大致是在1996年以后，以餐饮渠道为主的经销商崛起，买方市场出现。以五粮液为代表，厂商倾向于低成本快速扩张市场，渠道模式向以经销商为主导的方向发展。

第四个阶段是在2004年以后，以经销商为主导的渠道模式开始反噬厂商利益，厂商借助对终端的直接干预和控制，开始重获主导权。

第五个阶段是在2011年以后，厂商借助股权、产品或现金分红等新商业模式，与经销商合作共赢，渠道模式进入合作阶段。

白酒渠道的主导权，经历了从国家到厂商，到经销商，再到厂商，最后到共同主导的变迁。从终端为王到消费者为王的变迁，背后的作用力是市场的变化。

比较：厂商主导、经销商主导、厂商与经销商共同主导的渠道模式

	五粮液	贵州茅台	洋河股份	泸州老窖
代表渠道模式	大商模式+OEM模式	小商模式	1+1模式	柒泉模式+品牌专营
模式属性	经销商主导	厂商主导	厂商主导	厂商与经销商共同主导
模式概述	1. 以区域为单位，由实力较强的经销商担任总代，负责辖区内的销售工作。2. 五粮液与总代创立OEM授权贴牌模式，五粮液负责生产，总代负责买断销售。	1. 由实力较弱的经销商组成渠道体系。2. 贵州茅台始终重视对终端的把控，并有意加强直销份额。	1. 厂商委派代表，或设立办事处、分公司，以负责区域内销售工作，经销商只负责物流和资金周转。2. 所有经销商由厂商直接对接，经销商之间没有附属管理关系。	1. 由厂商销售团队、核心经销商出资组建区域柒泉公司，作为一批商负责区域内销售工作。2. 由经销商出资组建品牌专营公司，由泸州老窖任命销售人员和管理层，进行品牌专营。
模式优势	最大限度地利用了经销商的资金和资源，快速低成本地发展市场。	厂商对渠道的管控力度较强，不易发生压货、窜货。	厂商对渠道的管控力度较强，对市场的感知较强。	调动了经销商的积极性，绑定了经销商的长期利益，有利于精简渠道、实施大单品策略。
模式劣势	厂商对渠道的管控力度较弱。	小经销商营销能力较弱，为追求更高利润囤货。	经销商沦为配货商，积极性不高，渠道利润严重不足。	相较厂商主导，厂商对渠道的管控力度较弱。

经销商主导模式：五粮液的大商模式+OEM模式

1988年，我国逐渐放开白酒价格管制。五粮液并未像其他酒企一样采取降价提振销量的措施，而是选择不断提价，价格逐渐超过泸州老窖、汾酒、贵州茅台，在1994年前后成为当时中国最贵的白酒。

品牌档次的提升、市场的激烈追捧，摆在五粮液当时领导层面前的课题，就是如何低成本迅速扩张、制霸全国市场。

大商模式由此应运而生。

大商模式，可理解为总代模式。以一省、一区为单位，厂商在全国

范围内招募总代,厂商借助总代的资金、资源实现低成本快速扩张。

总代模式是一种由经销商主导的渠道模式,总代经销商一般实力较强,全权代理所辖区域内的销售,并掌握定价权。

五粮液共设置了五级总代,包括全球总代、全国总代、区域总代、省级总代和地级总代。

其中,国内市场最重要的是区域总代、省级总代和地级总代。五粮液依托区域总代将产品快速导入空白市场,扩大铺货区域面积;又通过省级总代、地级总代将产品下沉至市、县,提高了渗透率。

众人拾柴火焰高,大商模式有力地助推了五粮液的全国扩张,2003年前后其营销市占率曾达到41%的历史高点。

伴随市场扩张,五粮液的产能亦有所突破,尤其是1992—1997年的史上第四次扩建,新增产能3万吨。

为消化产能,进一步扩张市场,从1996年起五粮液依托大商模式独创了OEM授权贴牌模式。具体就是,由总代新创一个子品牌并买断,五粮液负责生产,总代负责销售,利润协商分配。

OEM模式:五粮液负责生产,总代负责买断子品牌和销售

品牌	总代经销商
五粮醇	福建省邵武糖酒副食品总公司
熊猫酒	广东揭阳粤强公司
金六福	北京新华联集团
浏阳河	湖南浏阳河实业公司
京酒	北京糖业烟酒公司
百年老店	广东大江酒业有限公司
酒之头	宜宾辉煌酒业有限公司
紫光液	北京紫光液酒业有限公司
一帆风顺	上海香滋酒业有限公司

比如,五粮液在福建省的总代邵武糖酒副食品总公司,在市场调研中发现了低度优质白酒的市场空间,与五粮液合作开发新品牌五粮醇。五粮液负责生产五粮醇,邵武糖酒副食品总公司负责买断五粮醇的全国总经销权。

大商模式加上OEM模式，五粮液可谓将杠杆放大到极致，充分占用、利用了经销商的资金、资源以扩充市场规模。同时，OEM模式极大提升了经销商的积极性，使经销商也拥有和实现了"品牌梦"。最高峰的时候，五粮液旗下有近百个品牌，五粮醇、浏阳河、金六福等都是OEM模式下的产物。

但是，如今回顾大商模式+OEM模式的历史，其缺陷还是很多的，后来甚至成为五粮液被贵州茅台逆袭的重要原因。

大商模式+OEM模式的第一个问题：过度依赖经销商，在财报中的表现是前五大经销商占比过高。2005—2008年，前五大经销商对五粮液总营收的贡献已经超过70%，而同期的贵州茅台只有7.5%左右。

近年来五粮液前五大经销商占比已经趋于下降趋势，但仍比贵州茅台高

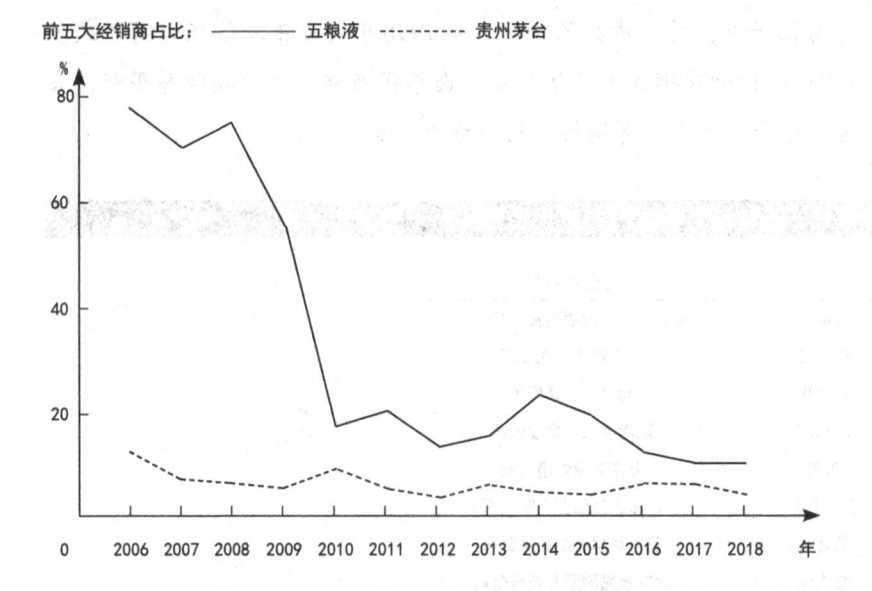

前五大经销商占比： —— 五粮液 ------ 贵州茅台

第二个问题：由于五粮液OEM授权的子品牌过多，被买断的子品牌间的价格、品质并未产生有效的错位、差异，导致内部竞争激烈，未能产生品牌协同效应。

当个别总代买断子品牌做大后，开始在地域、价格上与五粮液自身形成竞争，反制五粮液系列酒的发展。

比如，当时一些总代对下级经销商执行零利润的一批价，通过冲量从总部获取销量奖励。混乱的批发价严重冲击了五粮液的市场价格体系，暴露了大商模式中厂商对经销商的管控不力。

第三个问题：大量低价买断的子品牌逐渐产生了诸多虚假宣传、产品质量问题，开始稀释主品牌五粮液的品牌价值。

大商模式+OEM模式的弊端终于产生恶果——2005年，五粮液净利润被贵州茅台反超；2008年，五粮液营收被贵州茅台反超；此后，五粮液市值被贵州茅台完全甩开……

直到2017年李曙光上台后，五粮液才开始对大商模式+OEM模式展开刮骨疗伤式的改革，主要体现在三个方面。

第一，五粮液明确了1+3及系列酒4+4的产品体系，同时对OEM买断子品牌设置销售红线，不达标的将被砍掉。

第二，借助IBM公司建立了数字化营销系统，通过厂家、经销商、终端、消费者层层扫码，跟踪每一瓶酒，由此实现对销售情况、库存情况的实时监控。

同时，上马"控盘分利"系统，可以事先建立一个"利润池"，再根据一个利益分配规则，在各级经销商间进行合理分配。

由此，五粮液逐渐从经销商手中收回定价权。

第三，李曙光亲自部署"百城千县万店"计划，即渠道下沉，直接掌控部分终端。2018年底，五粮液完成超过10000个终端建设，基本建成由厂家可直接管控的终端网络。

李曙光的改革如今已经见到成效，近3年五粮液营收增长超过30%，利润增长超过100%。

昔日的大商模式+OEM模式已经名不副实。

厂商主导模式：贵州茅台的小商模式

1998年以前，贵州茅台基本没有渠道体系，仍停留在"批条—生产"的坐商模式。

1997年亚洲金融危机爆发后，贵州茅台销量急剧下滑，当时的领导层转而开始发展经销商,建立经销商+专卖店的销售体系。

但是,与五粮液依赖的大商模式+OEM模式不同,贵州茅台对经销商的依赖程度不高,奉行的主要还是小商模式。这体现在三个方面。

第一,贵州茅台主要选择小规模的经销商。

小经销商在资金、资源方面不如大经销商,但更便于厂商管理,不易产生压货、窜货等行为,能够更好地执行渠道精细化策略。

第二,贵州茅台可以持续对终端施加影响。

贵州茅台的专卖店并不是由经销商完全掌控的,它虽然是由经销商开设和经营的,但是由贵州茅台负担员工的工资和店面装修费用。这样的模式减少了贵州茅台的一次性投入,也有利于强化公司对终端价格及销售工作的控制。

因此,贵州茅台的小商模式,本质上是一种厂商主导模式。

厂商的强势,体现在财务报表中,即应收票据及账款的规模小,严格执行先款后货的规则;预收账款的规模大,占用经销商资金规模大。

贵州茅台的强势体现在应收规模小、预收规模大

	截至12月31日(年度)		
	(人民币亿元,百分比除外)		
	2016年	2017年	2018年
营业收入	401.55	610.63	771.99
总资产	1129.35	1346.10	1598.47
总负债	370.36	385.90	424.38
占款下游的情况			
预收账款	175.41	144.29	135.77
预收账款占营收的比重	43.68%	23.63%	17.59%
预收账款占负债的比重	47.36%	37.39%	31.99%
被下游占款的情况			
应收账款及票据	8.18	12.22	5.64
应收占营收的比重	2.04%	2.00%	0.73%
应收占资产的比重	0.72%	0.91%	0.35%

第三，贵州茅台重视直销。

贵州茅台通过自营店、线上电商等形式实现直销。近年来，伴随飞天茅台的"一瓶难求"，贵州茅台的直销业务非常火爆。

由财报可知，近年来贵州茅台经销份额仍接近90%，2018年其经销商数量突破3300家。

贵州茅台的新举措，就是有意加强直销份额，并减少经销商数量。这里有两个原因。

第一个原因，有助于打击囤货。

贵州茅台溢价高，渠道利润高企，导致经销商乐于囤货，造成终端市场和价格的波动。2014年，贵州茅台设立电商公司，曾要求专卖店、特约经销商、自营公司必须将30%以上未执行合同量通过云商平台销售，这相当于把经销商重金囤积的产品强制卖掉，导致了部分经销商的抵制。

为进一步管控渠道体系，2018年以后贵州茅台开始整顿经销商，一年裁撤近1000家经销商。从2019年上半年财报可知，贵州茅台国内经销商数量减少至2415家。

第二个原因，有助于提高公司和股东的收益。

以2018年数据粗略计算，飞天茅台的渠道毛利润大约是公司的1.62倍

飞天茅台出厂价	969元
贵州茅台2018年毛利率	91.14%
公司毛利润	883.15元
厂商指导零售价	1499元
渠道指导毛利润	530元
终端真实零售价	2399元
渠道真实毛利润	1430元

贵州茅台的利益方可拆解为公司股东和经销商。虽然贵州茅台的毛利率可以达到90%以上，但是真正的终端市场价要远比出厂价、市场指导价更高，导致公司利润不及渠道利润。

如果能把50%的产品划归直销，经销商的利润占比就会下降，而分配给贵州茅台公司和股东的利润占比就会上升。

而掌握50%以上的渠道利润，相当于再造一个茅台。

厂商主导模式：洋河股份的1+1模式

贵州茅台组建由小商构成的渠道体系从而掌握了主导权，但仍然受困于经销商囤货等问题。相比之下，同样为厂商主导模式的洋河股份，对渠道体系的管控要更为有力。

洋河股份建立了1+1的渠道模式，即在经销商体系之上，厂家委派业务代表入驻经销商，或在经销商辖区设立办事处或分公司。

其中，办事处或分公司占"大头"。办事处或分公司在经销商辖区直接做市场，承担市场开发、品牌推广等责任，而经销商只负责物流和资金周转。

在1+1模式下，厂商利用了经销商的资金，但市场开发仍然掌握在厂商手中。这体现在三个方面。

第一，洋河股份的办事处、分公司遍及全国主要市场，通过3万名地推人员直接控制市场，由厂家承担市场开发风险。体现在财报中，即洋河股份的营销人员数量最多，销售费用较高。

1+1模式要求销售人员数量较多，洋河股份销售人员占比最高

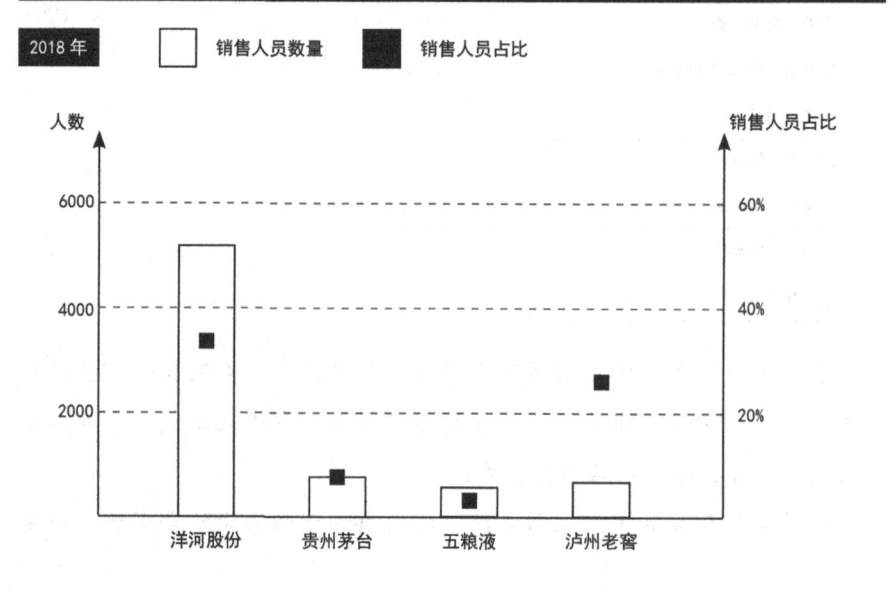

2018年　□ 销售人员数量　■ 销售人员占比

第二，经销商全部是由厂商直接点对点对接和管控的，不同级别的经销商之间不存在管理关系，即不存在类似市级经销商管理县级经销商的现象，厂商对终端具有绝对领导力。

第三，在产品导入期，洋河股份会选择当地的优质经销商展开合作，后期则会培育另一个"二等经销商"。"二等经销商"随时可以取代"优质经销商"，从而激励经销商提升品牌忠诚度。

在1+1模式的基础上，洋河股份灵活运用盘中盘模式、4×3模式、配额制，持续加强对市场的管控。

图解：洋河股份1+1模式与持续的营销模式创新

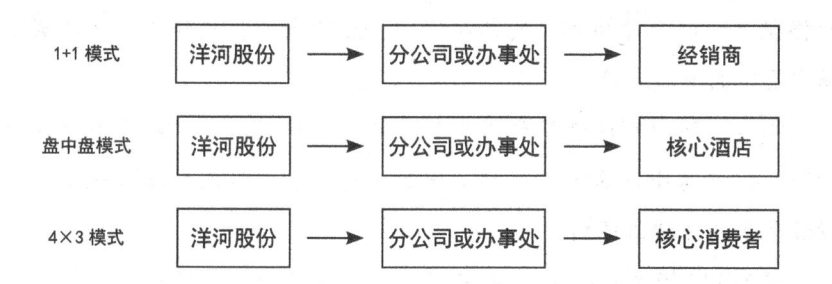

1+1模式	洋河股份 →	分公司或办事处 →	经销商
盘中盘模式	洋河股份 →	分公司或办事处 →	核心酒店
4×3模式	洋河股份 →	分公司或办事处 →	核心消费者

盘中盘模式，即利用二八原理，把资源优先投入少数重要的酒店终端和少数重要的核心消费者身上，通过对这些重要目标的掌控和有效开发来带动整体市场。

洋河股份在中高端产品的导入上，早期充分使用了盘中盘模式，重点开发核心酒店，以此影响核心人群，带动整体市场。

当酒店的进场费、开瓶费上升到一定水平后，洋河股份又提出"消费者盘中盘"的概念，将"终端"从核心酒店前移到核心消费者，由此启动4×3后终端营销模式。

4×3模式，即四个三位一体。

三方联动的销售方式：核心消费者公关、核心酒店公关、媒体公关。

三位一体的销售组织：设立厂商指导管理的重点客户部、酒店直销部、品牌推广部。

选择经销商的三大标准：品牌理念、社会背景、资金实力。

三种关系下的厂商联合：厂商主要承担广告、公关等风险投入，经销商负责关系网络的维护和无风险投入，权利是谁执行谁投入，谁主管谁负责。

4×3模式有效助推洋河股份将营销资源"轰炸"到核心消费者的身上，并顺利地把影响力从酒店发展到各区域核心企事业单位，进入团购渠道。

2017年，洋河股份又推出配额制。简单说就是经销商申报计划，厂商每月根据经销商上月实际开票确定配额，只有在有配额和有计划的情况下才安排出货。如果超出配额强行下单，需要执行计划外价格。

配额制可以保证终端有合理的库存，实现动态销售管理，并使终端价格坚挺，以提升终端商的利润空间，成为企业拉拢终端、实现提高市场占有率的有效途径。

同时，配额有助于厂商掌握各个区域的终端数量，以及有多少个代理商可以在这个区域内与终端商同时实现盈利，从而较准确地决定产品投放量和制订招商计划。

借助1+1模式及一系列渠道创新，洋河股份实现了厂商主导的利益最大化。但是，1+1模式的缺陷还是非常明显的，即经销商退化为"配货商"，主观能动性不强，而且渠道利润较低，当出现利润更高的产品时容易发生倒戈。

2019年，洋河股份发生渠道危机：渠道库存高，渠道利润率不及竞品，厂商与经销商的关系出现矛盾。

洋河股份已经对其1+1模式进行了微调，即建立各个区域"一商为主，多商为辅"的新型厂商与经销商的关系。这包括两个层面的含义。

第一，改变了过去经销商之间互相压价竞争的局面，明确了一个实力最强的经销商主导市场。

第二，在第一条的基础上，明确了两类经销商的定位：一类主导市场，另一类则定位为配送者。厂商保证两类经销商的利润，满足两类经销商不同的诉求。

一商为主，多商为辅的模式调整，表明洋河股份开始承认"主要经销商"的利益诉求，并适当提高了其市场主观能动性。

可以预见的是，1+1模式，正在向1+1+N模式发展。

厂商与经销商共同主导模式：泸州老窖的柒泉模式

柒泉模式，是泸州老窖借助股权方法论，创造的一种厂商与经销商共同主导的渠道模式。

在柒泉模式下，泸州老窖以区域为单位，设置区域柒泉公司，由泸州老窖销售团队与区域内的核心经销商共同出资，原片区经理做总经理，经销商做董事长。

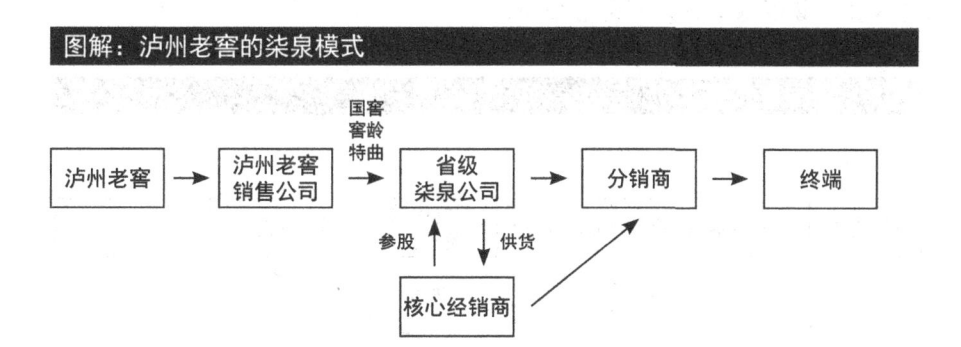

图解：泸州老窖的柒泉模式

泸州老窖 → 泸州老窖销售公司 →（国窖 窖龄 特曲）→ 省级柒泉公司 → 分销商 → 终端
核心经销商 参股↑ ↓供货 省级柒泉公司；核心经销商 → 分销商

柒泉公司，可以理解为区域内的一批商，负责区域内的销售，由泸州老窖直接对接，片区内的其他经销商则从柒泉公司拿货。

柒泉模式主要具有两个方面的优势。

第一，柒泉模式仍是一种分销机制，是厂商利用、占用经销商资金的杠杆模式，而且利用、占用的程度更高。该是因为，经销商除了向柒泉公司拿货、提供货款，还要以资金形式入股并支付一定的保证金。

需要注意的是，泸州老窖原片区的销售人员入股柒泉公司后，是要与泸州老窖解除劳动合同的，这就相当于"销售人员外包"，降低了泸州老窖的销售费用。

由财报可知，泸州老窖的销售费用率长期低于友商，尤其是2010—2014年，其销售费用率比同期友商低5个百分点左右。

第二，经销商之所以愿意投入资金成立柒泉公司，在于柒泉模式用股权长期绑定了厂商、经销商的利益。经销商除了赚取差价，还可以享受柒泉公司盈利带来的分红，无疑激发了经销商的积极性，也助力泸州老窖实现了更快发展。

通过柒泉模式，用分股的形式建立客户联盟，泸州老窖还在此基础上祭出"品牌专营模式"，打造"大单品"。

2015年，泸州老窖按照品牌组建国窖、窖龄、特曲三大品牌专营公司，分别负责国窖1573、窖龄酒、特曲酒的市场运作，专营公司下设各区域子公司，负责所在区域的销售和宣传推广。

柒泉模式被品牌专营公司复制，专营公司全部由经销商持股，其销售人员、管理层则由泸州老窖任命。

图解：以国窖为例，泸州老窖柒泉模式+品牌专营

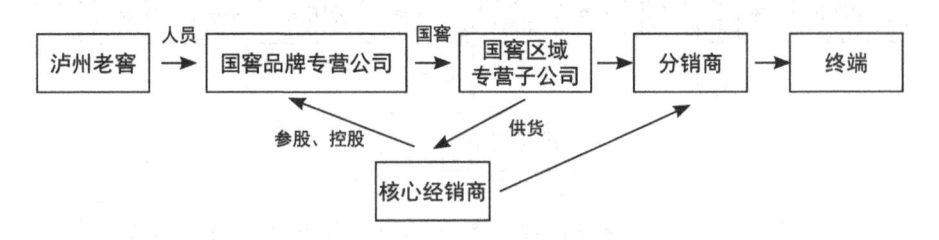

泸州老窖 →(人员) 国窖品牌专营公司 →(国窖) 国窖区域专营子公司 → 分销商 → 终端
参股、控股 ↕ ↑供货
核心经销商

柒泉模式+品牌专营，与纯粹的柒泉模式主要有两点不同。

第一，多品牌运营与单品牌运营。

柒泉模式运营的是所有的品牌产品，由于侧重推广利润率更高的产品，而有可能存在厚此薄彼的情况。

柒泉模式+品牌专营，相当于对一个品牌产品专项运营，更能制定出符合品牌特性的市场策略。

泸州老窖规定，品牌专营公司的股东以原柒泉公司的股东为主，入股方式是把柒泉公司的股份转换为品牌专营公司的股份。新的经销商如要入股品牌专营公司，则要按照产品销量以现金入股。

第二，渠道多层级与单层级。

柒泉模式下，经销商层级仍有4～5层，层层加价。

在柒泉模式+品牌专营下，经销商层级被限定为3层，以便于加强泸州老窖对终端的管控力度。

相对应的，品牌专营公司的销售人员由泸州老窖任命，销售费用开始增多，体现了泸州老窖对终端的高度重视。

尤其是2016年以后，泸州老窖扩充了销售人员，并且在全国建立了20余家品牌区域专营子公司，以期打造控盘能力更强的直分销体系。

相较大商模式、小商模式、1+1模式，泸州老窖的柒泉模式2010年创立以来仍保持相对稳定，这标志着厂商与经销商共同主导渠道模式的时代即将到来。

* * * * * *

物以稀为贵，其前提是做庄家，市场上有多少货庄家说了算。

东阿阿胶（000423）
炒货模式，货源归边

曾经的"白马股"东阿阿胶，在2019年遭遇业绩暴雷，净利润下滑超7成，12年正增长戛然而止。

东阿阿胶一直被称为滋补品中的贵州茅台。过去十几年，贵州茅台净利润复合增长率达23%，东阿阿胶也超过20%。

自比茅台，却一夜掉队，东阿阿胶的问题出在"学茅台只学一半"。

东阿阿胶在1996年即完成IPO。此后十多年，东阿阿胶管理层见证了中国消费品市场的一场"豪赌"：贵州茅台逆袭五粮液。

在历史上，贵州茅台奉行"保价"策略，不断抬升产品价格，并限制品类及经销商数量，在物以稀为贵的作用下，营收、净利润与市值不断攀升。

而五粮液则执行相反的"保量"策略，通过子品牌复制、贴牌、经销商扩张，不断扩充品类和产量。最夸张的时候，五粮液旗下拥有近百个品牌，经销商鱼龙混杂，严重稀释了品牌价值，市值最终被不如自己的贵州茅台反超。

很大程度上受贵州茅台逆袭的启发,2006年,东阿阿胶启动"价值回归"战略,平均每8个月便提价一次,不断刷新阿胶品类价格的纪录。

从2006年起,东阿阿胶平均每隔8个月就会提价一次

公告日期	涉及产品	调价情况
2017-11	东阿阿胶 复方阿胶糕	出厂价上调10%,零售价相应调整 出厂价上调5%,零售价相应调整
2016-11	东阿阿胶 复方阿胶糕 桃花姬阿胶糕	出厂价上调14%,零售价相应调整 出厂价上调28%,零售价相应调整 出厂价上调25%,零售价相应调整
2015-11	东阿阿胶 复方阿胶糕 桃花姬阿胶糕	出厂价上调15%,零售价相应调整
2015-4	桃花姬阿胶糕(210g)	出厂价上调25%,零售价相应调整
2014-9	阿胶	出厂价上调53%,零售价相应调整
2014-8	复方阿胶浆	最高零售价格上调不超过53%,出厂价做相应调整
2014-1	阿胶	出厂价上调19%,零售价相应调整
2013-7	阿胶	出厂价上调25%,零售价相应调整
2012-1	阿胶	上调零售指导价10%
2012-1	复方阿胶浆	最高零售价格上调不超过30%,出厂价做相应调整
2011-1	阿胶块产品	出厂价上调幅度不超过60%
2010-10	阿胶块产品	上调10%出厂价
2010-5	阿胶块产品	上调5%出厂价
2010-2	阿胶块产品	价格上调20%

东阿阿胶效仿茅台"保价""提价",具有三个优势。

一是稀缺:东阿阿胶以驴皮为原材料熬制,上游驴皮供应严重不足。

二是品牌加持:东阿阿胶从汉唐至明清一直都是皇家贡品。

三是价值认同感较强:东阿阿胶在明朝就有商业流通价值,折算到现在相当于每市斤4000~6000元。

2010—2017年，东阿阿胶的零售价从130元/千克涨至5400元/千克，涨幅超过40倍。涨价基本归因于驴皮原材料供应紧张（稀缺），科技创新带来产品溢价（价值认同）。相对应的，东阿阿胶上市时毛利率只有37.2%，2018年已稳定在65%左右，营收也从2006年的10.76亿元涨至2018年的73.38亿元。

越贵卖得越好，这就是高端保健品的商业模式逻辑。

但是，东阿阿胶在学习贵州茅台的道路上，却忽视了另一大重要工具：对市场保有量的控制。

由于拥有明确的提价预期，经销商总是热衷囤货、惜售和压货，通过提价直接获利。

而囤货会影响市场供需均衡。当市场存货消耗被人为限制，同时又有新增产品流入市场，必然增大保有量，直接影响提价逻辑。

贵州茅台始终坚持严惩囤货行为，更取缔400多家经销商并成立营销公司，严控市场供给。因此，在某种程度上，贵州茅台已实现"货源归边"，市场上有多少"真货"，完全由厂商说了算，并且厂商对出厂价、终端价的把控十分强硬。

相反的是，东阿阿胶并未严厉打击经销商的囤货行为，经销商才是真正的"庄家"。直到2019年危机出现：由于医保管理趋严、高端市场饱和等原因，东阿阿胶价格崩盘，经销商大幅削减订货量。

事实上，东阿阿胶自身还存在两大硬伤，导致崩盘速度更快。

首先，作为一种临床用药，东阿阿胶保质期只有5年，临近保质期时容易发生压价清仓。

更重要的是，东阿阿胶并不像贵州茅台那样"紧俏"。

贵州茅台是真正的先款后货，根本不愁卖。2016—2018年，贵州茅台应收项目分别为8.18亿元、12.22亿元和5.64亿元，仅占当年营收的比重为2.04%、2.00%和0.73%。

与之相反，东阿阿胶应收项目高企，而且以每年翻倍的速度激增，2016—2018年应收项目分别为4.53亿元、10.57亿元和24.07亿元，占当年营收的比重高达7.17%、14.34%和32.80%。

应收项目的异常，往往意味着厂商向经销商压货。结合东阿阿胶2013年到2019年Q1的营收、应收和存货对应表可以一探究竟。

2017年左右，东阿阿胶已出现增长乏力的征兆

	提价加速，营收、应收、存货激增				继续提价，营收放缓，应收激增，存货高位		
	2013年	2014年	2015年	2016年	2017年	2018年	2019Q1
营业总收入	40.16	40.09	54.50	63.17	73.72	73.38	12.92
应收账款及票据	2.56	1.49	4.29	4.53	10.57	24.07	28.16
存货	5.51	14.64	17.25	30.14	36.07	33.67	33.57

2014年，东阿阿胶启动了史上最大幅度的提价，阿胶产品一年提价82%。虽然随后营收出现大幅增长，但应收与存货也开始激增。

随后几年，东阿阿胶继续提价，同时伴随营收、应收、存货齐头并进持续增长。但是，从2017年开始，东阿阿胶营收增长明显放缓，但是应收继续激增，存货仍然保持高位。

真相很可能就是，2017—2018年，东阿阿胶已经出现一定程度的价格虚高、市场保有量过剩，但厂商并未引起足够的重视，随后仍在提价，直到2019年价格崩盘。

显然，既要"保价"，又要"控量"，东阿阿胶的炒货模式才能持续。

* * * * * *

从B2C到M2C，三只松鼠抓住了商业模式的关键：采购流量、反向控制上游。

三只松鼠（300783）
生产外包，建M2C"廉政公署"

三只松鼠2019年登陆创业板，市值逾200亿元，创造了淘品牌创业的一个奇迹。

三只松鼠成立于2012年，最早的商业模式为B2C，依托淘宝网等电商平台，销售坚果、炒货等产品。

炒货、坚果等产品，市场非常分散、无序，过去几乎没有叫得响的品牌。

恰恰食品能够做到30亿元的营收，得益于瓜子成本低，渠道、包装加价后价格也不高，较能获得大众消费者的认可。

相比较之下，坚果的成本高，渠道加价后价格高，很难做大。

三只松鼠靠做坚果做大，抓住了三个机会。

第一是淘宝、天猫、京东等电商平台的出现及日趋成熟。

知名电商平台具有信誉基础，关键优势在于渠道扁平，价格比线下便宜20%~40%，由此可以实现"把坚果的价格打下来"。

而电商平台的销售额，与直通车、店铺排名等密切相关。三只松鼠是最早接受电商游戏规则的淘品牌，耗费了大量融资资金购买流量，从而实现瞬间爆发，为后面的发展积累了足够的势能。

第二，设定"三只松鼠"的品牌和形象，经营品牌而不是品类，帮助三只松鼠占领用户心智。

当人们谈起"三只松鼠"时，第一印象往往是会叫用户"主人"、与用户无限"侃大山"的客服人员。事实上，三只松鼠拥有400多名这样的客服人员，以松鼠形象"陪聊"用户数千万人，使"松鼠家"的形象深入人心。

最关键的是第三点，三只松鼠的B2C模式选择了轻资产模式，即委托外包模式，外包生产环节，自己没有工厂，纯做品牌商。

零食行业并不缺少供应商和产能，唯缺品牌。而在一个没有品牌的行业里建立品牌，相当于占领了整个行业的流量入口和出口。在轻资产的商业模式下，供应商借助三只松鼠的品牌、流量销货，三只松鼠则借助供应商实现产品交付。

三只松鼠的财报充分体现了轻资产模式的特点。

作为一家轻资产模式的公司，三只松鼠最大的资产科目是存货

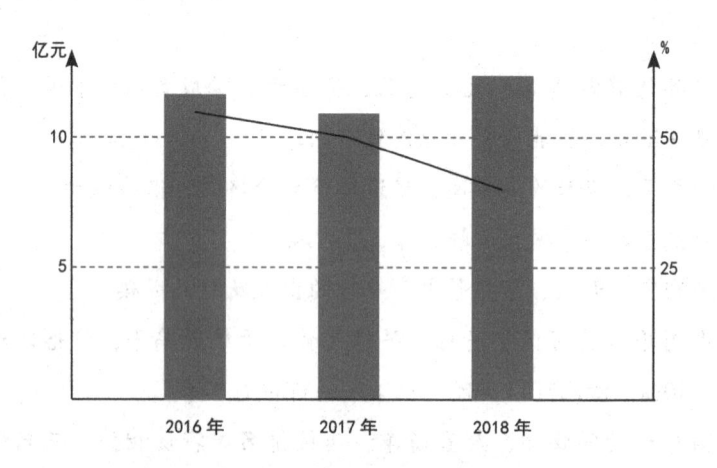

■ 存货　—— 存货占总资产的比重

[柱状图：2016年、2017年、2018年三只松鼠存货及存货占总资产比重]

固定资产低。2018年年底，三只松鼠的固定资产只有2.55亿元，占总资产的比例只有8.24%。相比之下，拥有工厂的恰恰食品有固定资产10.18亿元，占总资产的比例为19.85%。

因购买流量，三只松鼠的销售费用一直偏高

	截至12月31日（年度）			
	2018年	占营收比重%	2017年	占营收比重%
	（人民币亿元，百分比除外）			
三只松鼠				
销售费用	14.61	20.87%	10.75	19.36%
恰恰食品				
销售费用	5.70	13.58%	4.89	13.57%

为了购买流量，三只松鼠的销售费用偏高。2016—2018年，三只松鼠的销售费用分别为9.18亿元、10.75亿元和14.61亿元，占营收的比重分别为20.76%、19.36%、20.87%。而恰恰食品销售费用占营收的比重在12%~14%之间。

食品行业执行轻资产的委托外包模式，最大的风险在于缺少生产环节的监控，食品安全存在隐患。三只松鼠在2017年就开始申请IPO，2年后才上市，其中一个很大的原因即在于食品安全问题。

2016年，三只松鼠上线云中央品控系统，连接线上销售平台与其庞大的供应商体系。当"主人"反馈零食"太咸""有坏果"等问题时，系统会将反馈实时传输到包括供货商在内的各个环节，做出相应的整改。

通过这套系统，三只松鼠可以清晰地了解每个SKU用户反映的问题，及时做出调整；抓取最优方案，研发相关配方或新的SKU，交由供货商生产。

过去，供货商对市场是盲人摸象。现在供货商具体地知道用户喜欢什么，讨厌什么。实际上，供货商就是根据市场需求进行生产，由此实现了M2C（从用户到工厂）、柔性化的供应链。

在技术上实现对供应商反向控制的同时，三只松鼠设立"廉政公署"，从管理上对供应商的腐败问题进行监控。

三只松鼠的"廉政公署"对供应商、采购人员制定了详细的纪律及处分条例，严禁一切回扣、返点和送礼。

在2012年出台的《松鼠十一条家规》中，明确规定：不得收取外部合作者(供应商、合作商)任何形式的贿赂，具体为严禁收受现金或等同于现金之礼品或回扣、返点等行为。发现违规的采购人员一律开除，涉事供应商也将永远停止合作。

三只松鼠的历史上，就曾发生过某供应商向采购人员发送了1元钱的微信红包，就被勒令暂停合作并处罚金的案例。

"廉政公署"是三只松鼠管理体系中重要的一环，对预防腐败、食品安全等问题具有重要作用。

三只松鼠上市后，便摆脱了食品安全的阴影，市值一路走高，市盈率可达60～80倍，凸显资本市场对可控制的轻资产委托外包模式的青睐。

* * * * * *

六个核桃是近年来营销史上的经典案例，其强势话语权不是来自核桃乳，而是来自"六个核桃"这个品牌。

养元饮品（603156）
六个核桃，做品牌不做品类

养元饮品2018年在主板上市，其核心产品就是六个核桃，"经常用脑，多喝六个核桃"。

传统饮料行业，成功的商业模式只有三种。一是可口可乐模式，经营文化，"快乐＝可乐"；二是经营品牌，比如农夫山泉；三是爆款模式，一款产品打天下，由品类到产品再到品牌。

六个核桃正是爆款模式的代表，采用"定位理论＋广告轰炸"的方式，渠道以二三线城市为主。

六个核桃的母公司养元饮品，原本是一家濒临破产的企业。

2005年，养元饮品投入资金做研发，推出核桃乳饮料。起初也不温不火，直到2009年定位"经常用脑，多喝六个核桃"，抓住了学生和白领潜意识需求，并投入大量广告，才开启"暴走"模式，营收在10年时间里翻了40倍，2018年营收81.44亿元。

而在渠道方面，六个核桃是从区域二三线城市的餐饮渠道突围的，避开了承德露露等竞争对手的锋芒，并摸索出校区模式和社区模式，即学校与社区地推模式。

当开始开拓全国市场及主流城市渠道、商超渠道时，六个核桃又大胆实施"零风险代理"，产品卖不出去原价收回，由此迅速完成全国扩张。

不过，饮料行业的爆款模式，与保健品相似，说到底讲的是一个买椟还珠的故事，消费者最终还是会问，喝"六个核桃"是否真的补脑，"六个核桃"里面是否真的有"六个"核桃？

结合养元饮品2018年财报，其原料采购成本合计37.58亿元，最大的成本并不是核桃，而是易拉罐/盖，占比58.45%，核桃的采购成本只占

15.98%，只有6.01亿元。考虑到六个核桃的出厂价为2.1元/罐，消费者买一罐六个核桃，实际上只买到大约3毛4分钱的核桃。

即便如此，六个核桃在历史上的表现也曾非常强势。

评价一家公司话语权的强弱，关键看上下游占款、被占款的情况。其中，预收账款、应付账款分别体现占款下游、上游的情况，应收账款、预付账款分别体现被下游、上游占款的情况。

养元饮品的话语权非常强大，但近年来并不稳定

截至12月31日（年度）
（人民币亿元，百分比除外）

	2016年	2017年	2018年
营业收入	89.00	77.41	81.44
总资产	97.61	111.90	152.92
总负债	37.87	38.53	33.22
占款上下游的情况			
预收账款	22.79	28.31	24.25
预收账款占营收的比重	25.61%	36.57%	29.78%
预收账款占负债的比重	60.18%	73.48%	73.00%
应付账款	8.28	5.77	5.18
应付账款占负债的比重	21.86%	14.98%	15.59%
被上下游占款的情况			
应收账款	0.22	0.18	0.30
应收账款占营收的比重	0.25%	0.23%	0.47%
应收账款占资产的比重	0.23%	0.16%	0.25%
预付账款	1.64	0.97	1.94
预付账款占资产的比重	1.68%	0.87%	1.27%

结合养元饮品2016—2018年的财报，我们可以观察到，养元饮品占款下游的规模大于20亿元，占款上游的规模大于5亿元，同时被上下游占款的规模较小，2018年被占款2亿多元。

话语权强大，是因为六个核桃成功抢占了终端和渠道的心智，同时也与其渠道主要以小、散经销商为主有关。

爆款模式有一个天然缺陷：周期风险，即一套定位理论最终会进入疲惫期，表现为单位销售费用带来的营收边际递减。

2015—2017年，养元饮品销售费用提高，营收下滑。2019年Q2，养元饮品销售费用同比增长10.15%，营收同比下降16.98%。

养元饮品正处于销售费用增长、营收下降的尴尬期

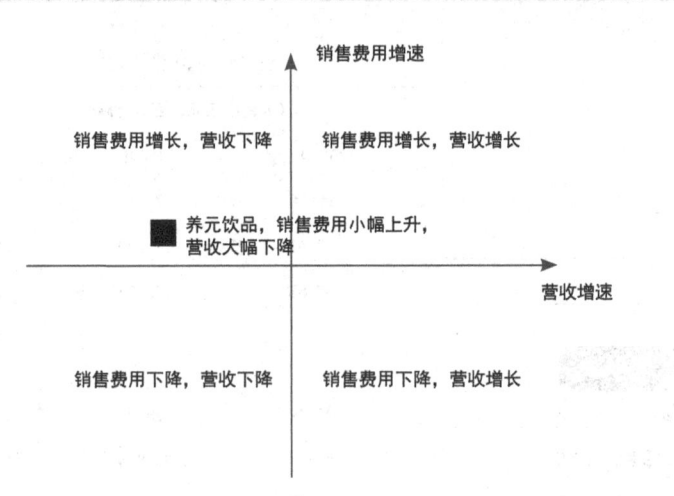

```
                    销售费用增速
                         ↑
                         |
    销售费用增长，营收下降 | 销售费用增长，营收增长
                         |
         ■ 养元饮品，销售费用小幅上升，
           营收大幅下降
    ─────────────────────┼─────────────────→ 营收增速
                         |
    销售费用下降，营收下降 | 销售费用下降，营收增长
                         |
```

判断一家公司的主营业务是在增长期，还是在下降期，可以借助销售费用增速&营收增速坐标系，四个象限分别对应四种情况：

情况一，销售费用增长，营收增长，说明企业主营业务仍在增长期。

情况二，销售费用下降，营收增长，说明企业进入较强竞争力阶段，营收增长不需要营销加大力度。

情况三，销售费用增长，营收下降，说明企业主营业务处于下降期，竞争力减弱，无力回天。

情况四，销售费用下降，营收下降，说明企业主营业务处于下降期，且公司没有充足意愿进行营销。

结合2019年养元饮品营收与销售费用的平均增速，我们可以发现，养元饮品已处于情况三的状况，企业主营业务正处于竞争力减弱的阶段。

摆在六个核桃面前的解决方案有两种。

第一种解决方案是推出新的爆款，重新设计、应用一套定位理论。

六个核桃其实已经这么干了，推出了核桃咖啡乳，定位"核桃补脑，咖啡醒脑"，目前主推线上渠道，吸引一二线城市的白领人群。是否成功有待观察。

第二种解决方案则是"认命"，把注意力从打造爆款转移到资本平台的公司运营上，以并购模式保持增长。

幸运的是，在多次IPO失败后，养元饮品终于在2018年上市，这为其实施战略转型提供了融资平台。

* * * * * *

在不占先机的竞争中，照抄头部企业，"谈乡村爱情"可以完成弯道超车。

达利食品（3799.HK）
跟随战术，农村包围城市

2018年，来自达利食品的许世辉家族以627.9亿元的身家，第一次超越娃哈哈的宗庆后家族，成为福布斯中国富豪榜的"食品业首富"。

达利食品的旗下品牌，包括达利园、好吃点、可比克、豆本豆、蓝帝堡等，皆是近年来家喻户晓的品牌。2018年，达利食品营收208.64亿元，归到母公司的净利润37.17亿元，利润规模相当于"康师傅+统一"，堪称中国最赚钱的食品公司。

达利食品赚钱的关键，在于"达利模式"。

达利模式主要是三步走，第一步是跟随。

达利食品起源于中国休闲食品之都泉州。2000年左右，食品行业向休闲化发展，基本要求是既能充饥又能消遣。泉州早期的产品逐渐因保鲜差、制作工艺落后而落伍。

中国食品行业开启休闲化，台资与外资企业的贡献最大。头部企业包括旺旺、康师傅、统一、亿滋等。在这样的竞争环境下，达利食品开始照抄头部，模仿市场里已经成熟的热点品类或产品。

第一个被达利食品盯上的模仿对象是韩国品牌好丽友派（巧克力派）。

"派"是一种食品处理工艺，使夹心饼干能够保质超过一年。好丽友派1995年进入内地，几乎统治了"派"的市场，市占率超过70%。这证明，"派"的口感适合中国人，既能充饥又能消遣，符合食品休闲化的趋势。

由此，达利食品做了微创新，推出了自己的达利园蛋黄派，节约了试错成本，以及培育市场的成本。

达利模式的第二步与第三步，分别是低价与农村包围城市。

达利园蛋黄派的价格只有好丽友派的60%～70%，而且一开始主推三四线城市和乡镇市场，这使得主要布局一二线城市的外资对手鞭长莫及。当达利园蛋黄派覆盖到一定规模，它又开始反攻一二线城市市场，利用价格优势逐渐蚕食对手的地盘。

就初出茅庐的国产休闲食品品牌而言，达利模式是务实的，它扬长避短，后发制胜。只用了几年时间，达利园蛋黄派就反超好丽友派，成为"派"品类的第一名。

达利食品将跟随战术复制到几乎所有的主流品类上

产品类别	品牌	主要产品	市场份额排名
糕点	达利园	蛋黄派 瑞士卷 蛋糕 牛角包	1
薯类膨化食品	可比克	薯片 薯条	3
饼干	好吃点	香脆饼 丹麦黄油曲奇	2
凉茶	和其正	即饮凉茶	3
复合蛋白饮料	达利园	花生牛奶	2
功能饮料	乐虎	功能饮料	3

在"派"上取得成功后，达利模式开始复制到其他品类上。

2003年，达利食品推出薯片产品可比克，跟随的是品客、乐事，价格只有对手的30%~40%。

2004年，推出烘焙饼干好吃点，跟随的是亿滋奥利奥。

2006年，推出和其正、优先乳等饮料，跟随的是王老吉和营养快线。

2013年，推出乐虎，跟随的是红牛，价格只有红牛的一半。

2014年，推出高端烘焙品牌蓝帝堡，跟随的是皇冠丹麦曲奇。

2017年，推出豆本豆，跟随的是维他奶。

在各细分领域，达利园蛋黄派是糕点类第1，可比克是薯类膨化食品第3，好吃点是饼干类第2，和其正是凉茶类第3，达利园花生牛奶是复合蛋白饮料类第2，乐虎是功能饮料类第3……这些品牌产品，大多数不是第一名，但合起来的利润却能超过绝大多数竞争对手。

值得一提的是，娃哈哈也奉行跟随、低价、农村包围城市的模式，但近年来却出现业绩下滑。造成娃哈哈与达利食品差异的关键因素是什么？

关键因素同样有三个。

第一，许世辉是定位理论的忠实拥趸，他坚定不移地执行了多品牌战略。

达利食品采取不同的品类使用不同的品牌，而且选用不同的代言人，做大一个品牌再投入另一个品类，重点突出，稳扎稳打。即便某一个品类的复制失败了，也只是一个子品牌的失败，而非全局的失败。

第二，更低的出厂价。

根据达利食品2015年的招股说明书，达利食品给予经销商更低的出厂价，仅是零售价的50%。相比较，加多宝是55%，旺旺是60%，蒙牛是60%……

更低的出厂价，意味着达利食品给予经销商的让利更多。相对应的，经销商在广告及推广方面的投入更多，使得达利食品自身的销售费用占比更低。

达利食品的销售费用率可能是业界最低的

2018 年	达利食品	康师傅控股	伊利股份	VITASOY INT'L 维他奶国际
		截至 12 月 31 日（年度）		
		（人民币亿元，百分比除外）		
销售费用	33.77	118.17	197.73	17.29
营业收入	208.64	606.86	795.53	64.65
销售费用占比	16.19%	19.47%	24.86%	26.74%

事实就是：对经销商而言，只要有高毛利，就愿意负担更多的销售费用。这种情况在vivo、OPPO等智能手机品牌的市场推广中同样出现。

而低出厂价、低售价，这部分让利来源于第三个关键因素：低物流费用。

根据达利食品2015年的招股说明书，达利食品当时已在全国各地建设了16个生产基地、32个食品及饮料加工厂，从而使得工厂距离终端更近。

在食品行业，企业的物流费占营收的比重普遍高于5%。但是，达利食品的物流费用占营收的比重一直低于2.5%。2017年，这一比率已经下降至1.75%，相当于腾出6~7亿元的销售费用，形成了达利食品的核心竞争力。

正是这三个关键因素，造就了达利食品非同一般的跟随战术。

* * * * * *

直营与加盟，没有优劣之分，成本与费用的管控才是关键。

周黑鸭（1458.HK）
绝味食品（603517）
卖鸭的生意，直营与加盟模式的选择

周黑鸭2019年宣布开放加盟，其直营模式宣告终结。

在"卖鸭界",周黑鸭与绝味食品堪称"绝代双鸭"。绝味食品一直都以加盟模式为主,周黑鸭此前则坚持了很长时间的直营模式。

直营与加盟的选择,实则是重资产模式与杠杆模式之间的较量,两者的优势各有千秋。

第一,加盟模式的扩张速度比直营模式更快。

加盟模式充分利用了加盟商的资金和资源,从而可以实现快速扩张。2019年底,周黑鸭开店数在1250家左右,而绝味食品的门店数在10500家左右,绝味食品是周黑鸭的8倍多。

绝味食品可以向加盟商收取加盟费、加盟保证金、预付订货款,属于典型的先款后货,对下游拥有强大的话语权。

绝味食品的招商数据呈上升态势,显示其成长的可持续性

	截至12月31日(年度)		
	2016年	2017年	2018年
	(人民币万元)		
加盟商管收入	4931.66	4682.00	5320.23
加盟商保证金	3649.93	4481.43	4921.73
预收账款	9216.08	9416.16	12000.00

体现在财报中,加盟费为加盟商管收入,预付订货款计入预收账款。绝味食品的财报显示,涉及招商的会计科目数据基本都在逐年上升,体现其经营的持续增长。

相比加盟模式,周黑鸭的直营模式自负生产、管理和销售,在财报中体现为两点:一是不动产、厂房和设备的规模较大;二是费用水平较高。

第二,直营模式可以取得更高的毛利率。

周黑鸭的直营模式可以完全控制供应链及加工环节,同时直接面向C端,最大限度地把控门店,从而树立良好的品牌形象,因此能够获得更高的毛利率。

由于以加盟模式为主,绝味食品主要面向B端,即以出厂价而非零售价向加盟商供货,其毛利率自然要比周黑鸭更低。

从财报数据可知，周黑鸭的毛利率接近60%，而绝味食品的毛利率仅为35%左右。

更高的毛利率、更好的品牌形象，曾是周黑鸭更受资本市场青睐的依据。周黑鸭曾以绝味食品1/10的门店数，创造了近2倍于后者的净利润，周黑鸭的市值是绝味食品的2倍多。

但是，这种情况从2017年开始发生变化，周黑鸭净利润出现连续下降，2018年被绝味食品反超。

事实上，对餐饮连锁品牌而言，直营与加盟只是商业模式的表层现象，真正关键的核心在于成本与费用的有效把控。

周黑鸭直营模式的风险，在于资金投入在先，收益置后，每开一家新店产生对应的固定资产投入、折旧、成本和费用。如果后面的现金流接应不上，前面的投入可能会打水漂。

绝味食品的经营逻辑与周黑鸭类似，但直接风险主要由加盟商承担。绝味食品关注的重点在于加盟商的存活率、盈利水平，以确保加盟数据（加盟商管、保证金、预收账款）的持续增长，同时确保规模效应的发生，即加盟商网络的规模越大，平均成本及费用越低。

有一项数据，很能说明周黑鸭逐渐被绝味食品超越的原因：加工厂的数量。

2019年，周黑鸭在全国只有3家区域加工厂，四川和江苏的新厂还在建设中。与之对比，绝味食品有20家，基本覆盖主要的市场区域。

我们知道，伴随门店的全国扩张，其加工厂的服务半径能否有效覆盖，并且保障配送效率，将成为费用管控的关键。如果生产与配送出现问题，则意味着配送时间过长，食品的上架时间过短，在保质期内无法销售掉的存货就会变成费用。绝味食品在这方面要比周黑鸭更具优势。

我们在分析达利食品的商业模式时，也曾提及食品行业物流费用的重要性，达利食品省下来的物流费用，正是其补贴终端利润的来源。

2018年，周黑鸭的毛利率为57.5%，只取得16.8%的净利率，毛利率与净利率之差为40.7个百分点；绝味食品34.3%的毛利率，取得14.67%的净利率，毛利率与净利率之差为19.63个百分点。这项数据的对比，反映了绝味食品在费用管控上优于周黑鸭。

周黑鸭以较高的毛利率,取得一个较低的净利率(2018年)

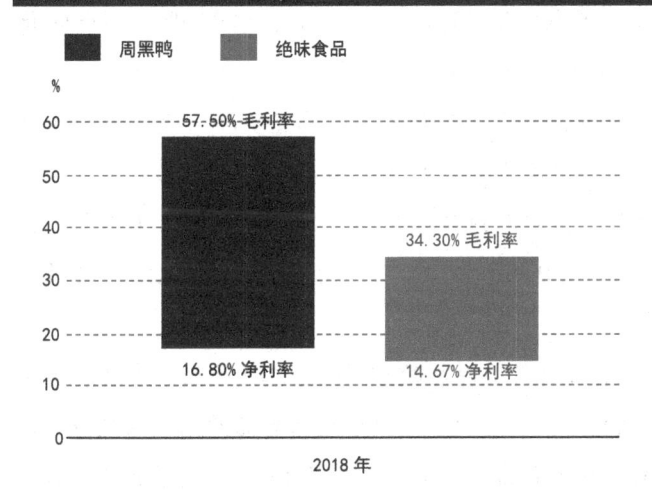

周黑鸭:57.50% 毛利率,16.80% 净利率
绝味食品:34.30% 毛利率,14.67% 净利率

2018年

直营或加盟也许并无优劣之分。如何将规模效应转化为竞争优势,才是考验一家公司的关键点。

＊＊＊＊＊＊

选择比努力更重要,多次选择成功成就行业老大。

安井食品(603345)

销地产 | 产地销,规模成王

安井食品是速冻食品行业的头部企业,在市场极度分散的行业中能做到接近10%的市占率。

这与安井食品在商业模式上的战略选择有重大关系。

按经济发展规律,速冻食品具有极大的增长潜力,但在不同的细分领域增长速度不同。得益于在速冻行业二十年的经验,安井食品准确地把握住了行业趋势,将主要资源押注于速冻火锅料细分市场,在"研发+营销"的战略推动下,开创性地推出了撒尿肉丸、霞迷饺、千夜豆腐等大单品。

事实上，速冻火锅料正是速冻食品增长速度最快的细分领域，增速是速冻面米的5~8倍。2018年，安井食品营收42.59亿元，其中速冻火锅料占比64.85%，速冻面米占比25.79%，速冻菜肴占比9.28%。赛道的正确选择，极大地提升了安井食品的估值。

在速冻食品行业，思念食品、三全食品、惠发食品、海欣食品等企业主要以商超渠道、面向C端为主。安井食品却展开差异化竞争，坚持以"餐饮流通渠道为主，商超电商渠道为辅"的渠道策略。2018年，其经销商渠道（主要面向餐饮B端）占比85%，商超渠道占比12%，特通渠道占比3%。

对B端的倚重，源自安井食品对餐饮后厨部分工业化生产发展趋势的判断，中央厨房的市场增长潜力巨大，而且对速冻食品的依赖性较强，客户黏性高。而国内C端对速冻食品的接受程度仍有待提高，发展较为滞后。

安井食品紧密围绕B端，进行精细化渠道经营，借助经销商的力量开拓市场。在举措方面，比较突出的有两点。

安井食品的渠道政策，致使其发出商品、预收账款较大，同时毛利率、销售费用率更低

	截至12月31日（年度）			
	（人民币亿元，百分比除外）			
	海欣食品		安井食品	
	2017年	2018年	2017年	2018年
总资产	10.74	11.54	32.51	45.63
发出商品	0.07	0.10	4.73	5.86
预收账款	0.14	0.15	4.37	5.03
营业收入	9.68	11.45	34.84	42.59
毛利率	31.35%	33.28%	26.27%	26.51%
销售费用	2.31	2.57	4.90	5.72
销售费用占营收比重	23.86%	22.45%	14.06%	13.43%

第一，销售采取买断制，并对经销商二次对账。安井食品将产品发

给经销商后，并不直接确认收入，而是根据实际销售、实际价格、开票结果确认收入，与经销商进行结算。

二次对账的政策自然要比直接确认收入，更受经销商的青睐。体现在财报中，即安井食品的存货规模较大，突出表现在"发出商品"科目上；同时因不能确认的收入较多，预收账款较大。而海欣、三全采取直接确认收入的政策，发出商品和预收账款并不突出。

第二，安井食品推出"高质中高价"的策略，用料及包装质量更高，出厂价低于友商，从而建立了行业内规模最大的渠道网络，终端覆盖超过4万家。

让利给经销商，并倚重经销商，安井食品的渠道策略体现在财报中，即毛利率更低，销售费用率也更低。

市场的持续增长，往往带来产能的不足。在速冻食品行业，受冷链半径的影响，友商基本采取销地产模式，即生产集中在某一区域，销售市场也分布在周边，此举并不利于打造全国市场。

安井食品的做法是，在实现销地产模式后，借助IPO、可转债等融资手段，募集资金近20亿元，进而实施产地销模式，即在全国主要销售市场就地设厂，并逐渐扩大销售半径。

自2017年IPO以来，安井食品计划扩充产能超过71.5万吨，工厂遍布福建、江苏、辽宁、河南、湖北、四川等市场。实际产能2018年为37.08万吨，产能利用率高达116%，凸显产能扩充的必要性。

产地销模式有利于提高市场覆盖面积，增加渗透率，也有效降低了打造全国市场的物流费用。最关键的是，产能的提升有利于规模效应的实现，面对上下游更具灵活调整的空间。

体现在财报中，产地销模式有两个方面的表现：一是固定资产规模较大，更显重资产属性；二是随生产规模扩大，期间费用呈下降趋势。

产地销模式与达利食品的全国布局有相似之处，即保证工厂距离终端市场更近，通过物流费用的降低反哺经销商利润。一个反例则是农夫山泉，一处水源供全球，虽然有营销加分，但物流费用高企，面对友商的价格战调整空间有限，难以做出有效的反击。

安井食品的期间费用率已下降至 20% 以下，友商则普遍在 20% 以上

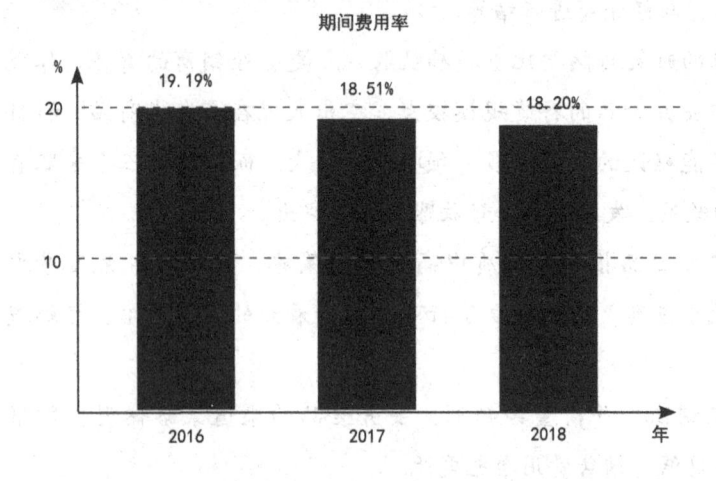

期间费用率

年份	期间费用率
2016	19.19%
2017	18.51%
2018	18.20%

事实上，产地销模式已经显示出威力。凭借市场区域的更广、更近、更深，安井食品的营收规模已是2~3家友商的总和。

集赛道优势、渠道优势、成本优势为一体，安井食品成功占据速冻食品行业头部企业地位。

* * * * * *

先搞定下游，再搞定上游，最后占款上下游。

海澜之家（600398）
专注男装，类直营模式

提到海澜之家，我们的第一印象基本上就是"男人的衣柜"。

男装款式简单，更易标准化，因此男装容易做大，女装很难做大。2019年9月，海澜之家剥离旗下营收占比仅有5%的女装业务（爱居兔），彻底押注男装业务。

海澜之家在生产环节执行的是轻资产模式，把生产环节外包。这部分的商业模式与食品行业的三只松鼠、小家电行业的小狗电器是相似的，在这里不再赘述。

在销售端，海澜之家采取类直营模式，这是其商业模式的真正精髓。

类直营模式仍然是招商加盟模式，是利用加盟商、经销商资金、资源进行渠道扩张的杠杆模式。不同的是，类直营模式更强调品牌商、厂家的直接管控。

以海澜之家的类直营模式为例，其加盟店实施所有权与经营权分离的模式，门店的所有权归加盟商所有，门店的经营权归海澜之家所有。

也就是说，海澜之家类直营模式的杠杆作用，主要体现在加盟商支付的固定费用上，比如装修、租赁和员工薪酬等方面，主要利用的是加盟商的资金。海澜之家需要负责门店的日常经营，比如店铺开设、建立信息系统、员工培训、物流运输等，甚至包括承担库存。这样的加盟模式，更形象的说法就是"甩手式开店"：加盟商什么都不用管，海澜之家替你经营。

图解：海澜之家的类直营模式

	类直营模式	一般的招商加盟
加盟店的管理	加盟店由公司统一负责代为管理，加盟商不参与门店管理	公司管理加盟商，加盟商负责门店经营，管理水平差异较大，品牌形象难以统一
加盟店的扩张能力	加盟商不需要有经验，加盟门槛低，门店扩张能力强	加盟商必须要有经验，加盟门槛高，门店扩张能力弱
加盟店的铺货方式	公司根据历史销售数据和市场调研，统筹规划	以订货会等形式，根据加盟商的订单铺货
滞销产品的处理	可以在不同加盟店调配，剩余产品退回公司、退回上游供应商	门店一般会打折处理，不同门店间难以实现调配
风险承担	门店库存属于公司，加盟商不承担库存风险	门店库存属于加盟商，加盟商承担库存风险
终端定价权	公司制定全国统一指导价，加盟商价格浮动区间较小，公司具有较强的终端定价权	公司制定指导价，加盟商灵活定价，终端定价较难统一

体现在财报中，海澜之家的类直营模式有两个特征。

第一，加盟商承担门店租赁、装修等费用的同时，不需要向海澜之家缴纳加盟费。

海澜之家不赚加盟费，而是要求加盟商缴纳特许经营保证金。海澜之家单店的保证金是100万元，期限为5年，合同期满无违约的情况下，海澜之家无息退还保证金。

这些保证金,体现在长期应付款和一年内到期的非流动负债科目中。2018年年底,海澜之家门店数达到6673家,加盟店占绝大多数,按100万元/家计算,海澜之家对收保证金的客户占款达到60多亿元。

2018年年底,海澜之家长期应付款余额为5.96亿元,一年内到期的非流动负债余额为3.70亿元,合计为9.66亿元。

第二,存货较高。

海澜之家与加盟商的门店不是销与购的关系,加盟商不压货,门店的存货亦是海澜之家的存货,体现为存货中的委托代销商品规模较大。

对下游宽松,有利于海澜之家加快开店扩张速度,迅速形成规模效应。同时,海澜之家对上游供应商则表现强势。

海澜之家不承担尾货风险,总销售收入的60%可以退货给供应商,并且应付账款的规模高企,说明其对供应商以赊购为主。

对下游宽松,结果自然是存货周转率较低;对上游紧,带来的结果就是存货计提跌价准备的比例较低。也就是说,海澜之家存货的风险实际上是由上游供应商来承担的。

需要特别说明的是,对下游宽松的海澜之家,同样存在对下游客户的占款,近年来预收账款的规模也维持在13亿元左右。

海澜之家的上下游占款能力突出

	截至12月31日(年度)		
	(人民币亿元,百分比除外)		
	2016年	2017年	2018年
营业收入	170.00	182.00	190.90
总负债	142.68	139.21	164.97
占款上下游的情况			
预收账款	9.55	16.61	13.21
预收账款占营收的比重	5.62%	9.13%	6.92%
预收账款占负债的比重	6.69%	11.93%	8.01%
应付账款及票据	93.75	84.70	80.27
应付占负债的比重	65.71%	60.84%	48.66%

这种对上下游皆占款较大的商业模式的基本逻辑首先是"取悦"下游加盟商，在招商形势有利、话语权提升的情况下再反制上游，最终挟市场规模以令上下游。

海澜之家的净资产收益率居于服装行业前列，甚至比ZARA还要高。由净资产收益率的公式：净资产收益率＝销售净利率×资产周转率×权益乘数，可知：在销售净利率一般、资产周转率偏低的情况下，海澜之家取得较高净资产收益率的唯一条件必然是权益乘数较高，财务杠杆使用较大。

通过上面的分析，我们基本就得到海澜之家较高权益乘数的来源：下游加盟商的保证金；拖欠上游供应商的应付账款；拖欠下游客户的预收账款……这些负债都可视作经营性负债，属于先款后货模式的极致表现。

轻资产模式＋类直营模式，海澜之家通过供应链、品牌管理串联上下游的资金和资源，不得不说这是一个商业模式上的奇迹。

* * * * * *

服务业最核心的竞争力来自人，一个好店长带好一家店，一群好店长带出一家上市公司。

海底捞（6862.HK）
发现中国好店长

海底捞2018年9月在港交所IPO，股价坚挺，市值超过1500亿元。

海底捞最值得称道的是服务。各类连锁、依赖人力的企业，都把它奉作人力资源管理的标杆。就连科技型企业华为、小米也曾号召员工向海底捞学习。

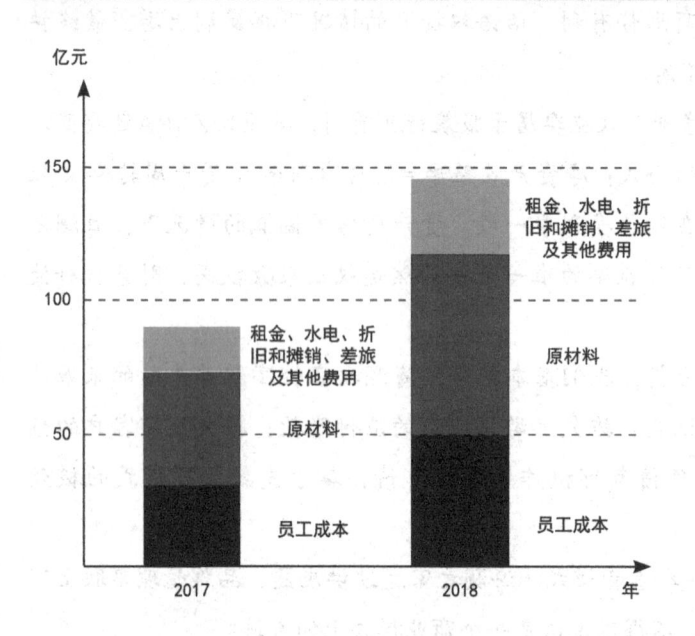

海底捞的主要成本是原材料和员工成本

亿元

2017	2018
租金、水电、折旧和摊销、差旅及其他费用	租金、水电、折旧和摊销、差旅及其他费用
原材料	原材料
员工成本	员工成本

2018年，海底捞员工成本达到50.16亿元，占营收的比重为29.6%，在业内属于较高水平。

海底捞创始人张勇的观点认为，在餐饮行业里，真正起决定性作用的不是KPI硬性指标，而是许多不具体的柔性指标。客户满意度不能用硬性指标去衡量，但是可以被人们感知。

海底捞选择去掉所有的KPI，派出1800名"神秘人"进行现场"感知考核"。所有的门店都会形成ABC三种评价：A级是要表彰的，B级"你就在这儿待着"，C级需要辅导。辅导期不会"扣钱"，但辅导期后依然干不好，店长就要被淘汰。

除此之外，海底捞引入"计件工资"制度，员工干得越多，工资越多。

在餐饮行业，有一种现象叫"对抗非正式组织"。比如，一个员工在使劲擦玻璃，其他员工都在聊天。擦玻璃的员工因此受到其他员工的排挤和嘲笑，也失去了工作的积极性。

计件工资可以避免一些"非正式组织"带来的负面影响。每个人干多少就挣多少，一下就简单了。

2016年，海底捞重组了内部结构，将人员分为四个部分，包括总部、教练、抱团小组、餐厅。

总部

总部负责管控餐厅管理的关键环节，包括食品安全、供应商选择及管理、法律、资讯科技、财务和餐厅扩张战略。

在餐饮企业，门店的管理水平决定门店的存活率，门店数量决定营收规模，而其中的关键角色就是店长。在教练、抱团小组、餐厅的组织结构设计中，海底捞都强调了店长角色的作用。

教练

店长负责餐厅日常运营方面的管理，并且以其选择的教练组为餐厅提供指导及支持。

海底捞的多数教练都曾担任店长或拥有在餐厅工作的丰富经验，部分为全职教练，也有些教练曾在总部担任部门主管。

教练组在新店开拓战略、员工发展及晋升、绩效评估、工程、产品开发等方面为餐厅提供支持服务，并且直接向首席运营官报告。

抱团小组

海底捞一般要求区域内餐厅与其邻近餐厅形成一个"抱团小组"。它们通常包括5~18家餐厅（通常以存在师徒关系的门店为主），以有能力的店长（通常是小组内各门店店长的师傅）担任"组长"。抱团小组内的餐厅互帮互助，共同拓展及经营新店，并对落后店进行辅导。

餐厅

海底捞餐厅的日常运营由店长管理，负责员工考核及晋升，鼓励和挖掘有才干的徒弟成为店长，支持自下而上驱动的扩张。同时，店长负责每天检查餐厅的运营情况，处理客户投诉及紧急情况，每周召开员工会议并审查财务及绩效指标完成情况。

按照要求，店长必须执行公司制定的一套规则，这些规则主要涉及人力资源管理、食品安全、现金管理和新餐厅开发。除该规则外，在经营餐厅方面，店长拥有高度的自主及决策权。

店长负责单店日常经营、参与制定区域经营策略、培养及选拔新店长，海底捞对店长的倚重超出餐饮行业的平均水平。

这源于"销售冠军模式"。店长就是销售冠军，放大销售冠军的经验与方法，并广为复制，就是"成功模板"的标准化与复制。不但可以成就一个店的业绩，也可以成就其他所有被复制店的业绩。

基于上述思路，海底捞把总部最重要的工作"新店拓张"也主要交付给一线店长负责，这在餐饮行业头部企业里颇为独特。

海底捞鼓励店长向总部提交新餐厅方案，包括储备店长、建议餐厅员工团队和潜在餐厅选址。店长一般会在与其抱团小组进行内部讨论及规划后提交新餐厅方案。

公司总部与战略拓展教练组一起对店长的新餐厅方案进行评估并要求店长每2年开设一家新餐厅。店长可以从可用的经营新餐厅的储备店长（该等人员大部分为内部培养）、新市场的潜力等方面寻找开设新餐厅的机会。

同时，海底捞对店长的薪酬设计分为A、B两种：

A：自己所管理餐厅利润的2.8%；

B：自己所管理餐厅利润的0.4%+徒弟管理餐厅利润的3.1%+徒孙管理餐厅利润的1.5%。

一般情况下，店长都会选择B方案。"徒弟"的努力奋斗有直接回报，即成为新的店长。为此，"徒弟"必须与"师傅"一起努力提高老店的业绩，争取从"神秘人"那里拿到A评级。店长作为"师傅"培养"徒弟"，也有直接的回报，培养的新店长越多薪酬越多，"徒弟"的"徒弟"越多薪酬也越多。

因此，海底捞不存在严重的"员工竞争"问题。同时，员工自发带有拓张意识，店长更希望培养新店长，而不是自己出去创业搞新火锅店。

海底捞人事制度的本质是店长选拔及内部合伙模式

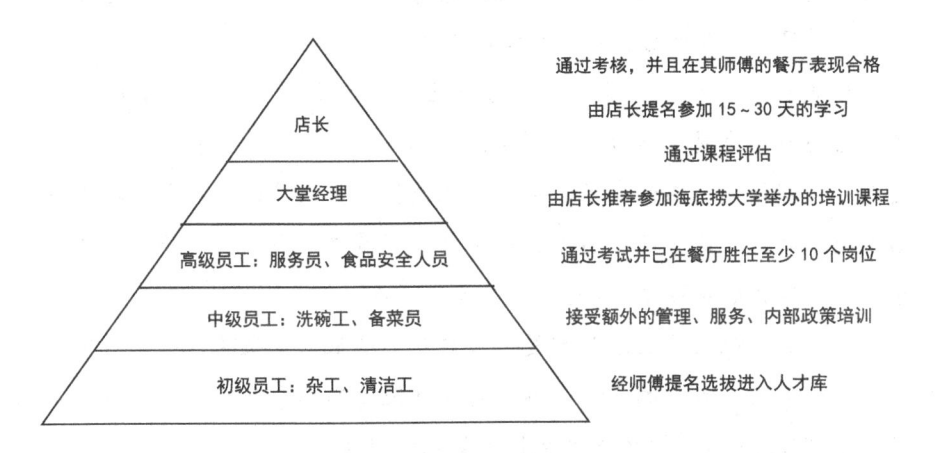

```
            店长                通过考核，并且在其师傅的餐厅表现合格
                               由店长提名参加15~30天的学习
                               通过课程评估
          大堂经理              由店长推荐参加海底捞大学举办的培训课程
      高级员工：服务员、食品安全人员    通过考试并已在餐厅胜任至少10个岗位
     中级员工：洗碗工、备菜员     接受额外的管理、服务、内部政策培训
   初级员工：杂工、清洁工        经师傅提名选拔进入人才库
```

从一名拿计件工资的新人员工，到能拿"两级返利"的新店长，海底捞设计了一套自下而上的员工培训制度。

门店就是一所"技校"，每位员工刚入职，就会被分配一名资深员工进行辅导。他们需要从初级的杂工、清洁工做起，逐渐积累经验并接受额外培训。

如一切顺利，初级员工会升级为中级员工，包括洗碗工及备菜员；高级员工，包括服务员及食品安全人员。从高级员工起，员工拥有给客户免单的权利。

从高级员工到店长，还需要7个步骤，平均耗时4年。

第一步，师傅提名，内部培训；

第二步，考试；

第三步，担任并胜任至少10个岗位；

第四步，前往"海底捞大学"参加培训，接受总部评估（海底捞大学是一个流动的班级，一次开班约30~40个学员，主要讲制度和案例）；

第五步，升为大堂经理；

第六步，店长提名大堂经理，再度接受"海底捞大学"培训，再次接受总部评估；

第七步，成为储备店长。

当员工成为新店长时,就可以去"开疆拓土"了。海底捞每开一家新店,都是由老店长提出申请,随后总部的教练会从储备店长中选出新店长,并且和这个新店长一起进行后续建设。

海底捞店长的产生过程,让每一名员工都看到了上升的通道与希望。它还有一个员工自我推荐制度,鼓励一些有热情、有能力的员工毛遂自荐,获得高一级的岗位。海底捞在选择晋升人员时,也会根据申请名单进行筛选,这样既节省了企业被动考察员工的成本,又能够在某一个岗位突然有空缺的时候迅速找到合适的人选。

海底捞的绝大多数店长都是自产自销,从基层上来的。一名从洗碗工、服务员成长起来的店长,不但对餐厅经营的各个环节了然于胸,而且这类店长绝对不存在和企业文化不兼容的问题。

打通晋升通道,结合利益驱动,让底层员工自发地往上走;同时,老员工积极传帮带,深度参与门店扩张——双轮的人力资源驱动正是海底捞稳健扩张的原动力。

* * * * * *

拿什么给员工加工资?永辉超市的回答是拿员工创造的增量利润加工资。

永辉超市(601933)
向下合伙

人员流动性大,是零售业的一大顽疾。一线员工干得多、拿得少,难言积极性。工资加少了,员工不满意;工资加多了,企业受不了。永辉超市董事长张轩松就曾算过一笔账:给一线员工增加100元/月的工资,就可以吃掉永辉10%的净利润。

为解决以上问题,2013年,永辉超市推出合伙人制度。

永辉超市的合伙人,与一般意义上的合伙人有很大区别。

一般意义上的合伙人,指普通合伙人(GP)和有限合伙人(LP),他们都是法律意义上公司的股东。

永辉合伙人则是面向一线管理人员和员工的，简称OP。OP不承担企业风险，但负有经营责任；根据OP的经营业绩进行利益分配，具有灵活的退出机制和与业绩匹配的晋级制度，OP制度的设立通常与法律风险无关。

OP的本质，其实就是一种激励制度，用增长的利润或减少的亏损，来激励员工为业绩负责。

永辉超市把店长、店助、营运人员、后勤人员、固定小时工（工作时长≥192小时/月）都列入OP范围，并逐步制定了完善的激励制度。

以下为OP激励制度的计算方法。

1. 合伙人奖金包

永辉超市为每个门店设置利润目标，并由利润目标计算出增量利润或减亏部分。

增量利润或减亏部分＝实际值－目标值。

假设一家预期亏损的新门店，目标亏损为200万元，实际亏损为150万元，那么减亏部分就是50万元。

合伙人奖金包，就是增量利润或减亏部分的30%。依照上例，该门店合伙人奖金包就是50万元×30%=15万元。

永辉超市另有规定，当门店的合伙人奖金包超过30万元时，都按30万元发放奖金。

2. 职级奖金包

在确定了合伙人奖金包后，个人需达到分红条件才能分享奖金，店主、经理、一线员工的分红条件都有所不同。

永辉OP制度：个人分红条件

职 级	分 红 条 件
店长、店助、后勤人员	门店销售达成率≥100% 利润总额达成率≥100%
营运部门经理、经理助理、部门公共人员	部门销售达成率≥95% 部门毛利率达成率≥95%
营运部门各课组人员	课组销售达成率≥95% 课组毛利率达成率≥95%

达到分红条件后，永辉超市先按OP的职级分配奖金。店长、店助分享奖金的8%，经理级分享奖金的9%，课长级分享奖金的13%，其他员工级分享奖金的70%。

假设，某门店完成超额利润33万元，则门店合伙人的奖金包为：33万元×30%≈10万元。其中，店长、店助分享8000元；经理级分享9000元，课长级分享13000元，员工级分享70000元。

在各职级奖金分配比例固定的情况下，所有OP都会思考一个问题：人数越多，人均分配奖金数越少；而人数过少，又会影响增量利润目标值的达成。

因此，在合伙人制度下，永辉超市把部门、柜台、品类等的人员招聘、解雇都放权给了基层组织，由OP所有成员决定合理的招聘人数，避免人浮于事，组织臃肿。

3. 个人奖金包

作为一项激励制度，永辉超市的合伙人奖金分配不是"大锅饭"，而是设置了一套严谨的系数计算方法来奖励先进个人。

永辉OP制度：个人奖金包分配的计算方法

职级	个人奖金
店长、店助	店主奖金包 × 出勤系数
经理级	经理奖金包 ÷ 经理级总份数 × 对应分配系数 × 出勤系数
课长级	课长奖金包 ÷ 课长级总份数 × 对应分配系数 × 出勤系数
员工级	员工奖金包 ÷ 员工级总份数 × 对应分配系数 × 出勤系数

除了出勤系数，最重要的奖金计算系数是"对应分配系数"，它是由部门毛利率的达成率来设置的。

永辉超市把所有部门的毛利率达成率进行排名，第1名的分配系数是1.5，第2到第4名的分配系数分别为1.3、1.2、1.1，后勤部门分配系数固定为1.0。

从个人奖金包的分配，到全店奖金包的设置，永辉合伙人制度的目标只有一个：获得更多的增量利润。

作为国内超市零售业的翘楚，永辉超市的一大杀手锏就是高效的供应链，在保证了生鲜品质的同时还有效节约了成本。永辉超市的合伙人制度，从对人的管理层面，进一步加强了成本控制，并做到了收入"开源"。

由于与永辉超市达成的奖金分配协议是根据毛利率达成率来实现的，员工OP会尽量避免成本方面的浪费。

以果蔬为例，过去是行政规定"轻拿轻放"，现在则是员工主动地"轻拿轻放"，严格遵守保鲜程序，以"节流"方式减少成本——国内超市零售业果蔬损耗率一般都超过30%，而永辉超市只有4%~5%。

员工OP一旦发现奖金分配和部门、课组、柜台的收入、增量利润相关，那么也会更主动地提供更出色的服务，争取获得更多销售额，实现收入方面的"开源"。

对目前的合伙人制度，永辉超市2016年的财报称：重组原有总部各部门及事业部，组建面向资源整合和服务集成的服务支持系统。打破传统垂直型组织架构，去职能化、去管理层，以"大平台+小前端+富生态+共治理"为原型，建立新型组织形态。

永辉超市在一开始推行合伙人制度时，就由总部派驻工作组，到每一个门店进行合伙人选拔工作，遴选出真正的合伙人人选。确定合伙人班子后，店长每周都要约谈合伙人，商议合伙人制度运行情况，毛利率指标达成情况等。这些过程，实际上也是合伙人历练的过程，有助于打造更符合零售业竞争业态的团队。

目前，永辉超市每年都新招大学毕业生约3 000人，而通过合伙人制度的选拔和激励，每年都可以输出近1 500个大学生课长，他们构成了永辉超市经营团队的核心力量。

从经营超市到经营人，永辉超市得以傲视整个超市零售业。

* * * * * *

低价是"护城河",极致低价是最强的商业模式。

春秋航空（601021）
廉价航空,低价就是未来

春秋航空是一家颇为奇葩的公司,以其2018年的年报为例,毛利率9.68%,净利率11.46%,净利率比毛利率还要高。

净利率比毛利率高,直接原因是春秋航空2018年得到政府补助13.34亿元,但更关键的原因在于春秋航空在省钱方面确实是一"绝"。

作为一家廉价航空公司,春秋航空的商业模式就是低价、低成本运营,以低票价吸引乘客的同时获得较好的收益。具体有多"低"——春秋航空的单价比三大航低30%~40%,价格优势明显,而且在这种情况下还能取得11%以上的净利率,吊打三大航的数据。

阅读春秋航空的财报,我们大致可以总结出其低成本的缘由。

第一,不提供免费的飞机餐。这样可以省去2%~3%的成本。

第二,只有经济舱,没有头等舱、公务舱,甚至砍掉了厨房和部分卫生间。这意味着可以坐更多的人,摊薄15%~20%的单位成本。

第三,春秋航空只有空客A320一款机型,只用一种CFM发动机。这意味着可以集中采购和租赁,维修标准统一,可以节约4%左右的成本。

第四,飞机日利用率高,春秋航空安排了大量早上8点前和晚上11点后的时段,由此可以安排更多航班,从而节约5%左右的成本。

这四项总共算下来,已经节约了30%左右的成本。对所有公司而言,这套"低成本运营大法"总结下来就是:

第一,砍去无关痛痒的服务;

第二,提供尽可能少的产品品种和服务;

第三,大量集采;

第四,提高资产利用率。

春秋航空：低成本航空公司的经营优势

	低成本航空公司	全服务航空公司	低成本航空公司的经营优势
机队设置	单一机型，春秋航空选择A320 座椅密度较高，如A320设置了180个座位	多种机型 座椅密度较低	单一机型促使飞机采购、维修、航材采购和修理成本较低
仓位设置	单一仓位，不设公务舱和头等舱	一般分设头等舱、公务舱和经济舱	单位成本低，运行复杂程度低
飞机利用率	延长至凌晨和深夜起飞，提高日均飞行时间，春秋航空可做到平均飞机日利用率约11小时 多使用二线机场，周转速度快	通常利用早上8点至晚上9点的时刻，平均飞机日利用率约9小时 使用航班密集的大机场，因此往返时间较长	利用率较高，可以摊薄单位固定成本
航线网络	以中短途、点对点航线为主	以枢纽轮辐式航线为主	运行效率高，复杂程度低
机场选择	偏向选择二线机场起降，并与其开展积极合作	大多选择国际、大型枢纽机场起降	二线机场和低成本航站楼收费较低
机票销售	以网络直销为主	目前以代理、自主营业部销售为主	网上直销的销售费用较低
附赠服务	无附赠服务，额外服务需收取费用，春秋航空对机供餐饮、座位挑选、快速登机等服务收费	在无额外收费下提供机上餐饮、娱乐活动、座位挑选等	积极发展辅助收入

当人们在朋友圈中吐槽春秋航空不提供餐食、在飞机上卖货的同时，春秋航空客座率显著高于同业公司，比三大航高约10%。

在期间费用的节约方面，春秋航空更是"开挂"。

春秋航空拥有国内唯一的独立于中航信的分销系统，这为其节约了大量的销售费用。2018年，春秋航空的单位销售费用为0.0067元，只有三大航的30%。同时，春秋航空的单位管理费用为0.0052元，也只有三大航的50%~60%。

春秋航空以10%左右的毛利率得到10%左右的净利率，

	截至12月31日（年度）		
	（百分比）		
	2016年	2017年	2018年
毛利率	12.80%	12.14%	9.68%
净利率	11.28%	11.50%	11.46%

值得一提的是，在所有成本、费用都被极致压缩的情况下，春秋航空对研发的投入却十分可观，2018年的研发费用达到1.05亿元，占到营收的0.8%，而三大航的研发费用占营收的比重都不超过0.4%。

通过春秋航空官方网站的宣传，我们大致可以了解研发费用的投入方向，主要在信息技术的建设、全流程核心业务运营系统的开发、收益管理系统的研发等方面，而这些研发项目对成本、费用的管控具有直接或间接的作用。

春秋航空的低价、低成本模式，不能被视作一种权宜之计，也不是一种中短期的战略选择。事实上，结合欧美发达国家的经济发展规律来看，廉价航空代表了中国航空业的未来。在欧美航空市场，2~4小时航程市场的80%已被廉价航空占领，这预示着中国廉价航空的未来市场或是目前的6~8倍。

而且，在经济周期处于下行的阶段，廉价航空总是能显示出更大的潜力，拥有更优质的抗周期风险的能力。这是因为，总需求下降的时候，廉价航空的成本管控更优；在刚性需求面前，廉价航空将成为替代全服务航空公司的重要选项。

2020年，由于新冠疫情，航空业遭受重大打击，上市企业市值普遍重挫。然而，春秋航空却最先走出阴跌，股价表现不卑不亢，令人惊叹。

低价，往往是市场竞争中最直接最有力的武器，春秋航空把低价做成商业模式，也便构筑了自己最坚实的"护城河"。

* * * * * *

先参后控，让传统招商赚差价的盈利模式，变成"赚差价+赚投资收益"。

美年大健康（美年健康002044）
先参后控，一钱两赚

在民营体检行业曾有"三驾马车"的说法：慈铭体检、爱康国宾、美年大健康。

其中，慈铭体检创始人韩小红，是医师出身，属于专业的人干专业的事。

爱康国宾创始人张黎刚先后参与创办搜狐和艺龙，属于互联网人革传统行业的命。

美年大健康的创始人俞熔则是做投资的，属于典型的"外行"。

然而行业竞争的结果却是：做投资的收购了做医师的，还险些吞并了做互联网的——美年大健康仅用七八年时间就从行业"末流"做到了"老大"。

这其中的秘诀就是先参后控。

先参后控，顾名思义即先参股，后控股，最后全部持有。

具体来说有三步。

第一步，美年大健康每新增一家体检中心，在最初阶段仅持股8%~20%，其余股份由并购基金和当地的合作者（可理解为加盟者）持有。

第二步，1~2年后，美年大健康再向并购基金收购这家体检中心的股份至50%以上，完成控股。

第三步，3~5年后，美年大健康继续收购股份，实现100%完全控股。

如果我们把这三步与一家体检中心的成长阶段联系在一起，能够更直观地理解其深意。

体检中心并不是一个开了就能赚钱且一定赚钱的生意。它首先需要一定的当地资源，打通当地各级关系；其次，需要1~2年的流量培育期，在培育期里体检中心一般都是亏损的。

第一步先参股，帮助美年大健康引进拥有当地资源的股东，并通过受让更多的股份捆绑合作伙伴。

而且，参股子公司是以"可供出售金融资产"存在于报表中的，其亏损不计入上市公司，其股份公允价值变动也只计入非经常性损益科目，不会直接影响上市公司的净利润。

当体检中心实现盈利时，美年大健康就会进行第二步，增持到控股。

在第二步，美年大健康一般会采取溢价收购，从而使合作伙伴赚到丰厚的投资收益，这正是各个地方的资源方更愿意与美年大健康合作的原因。

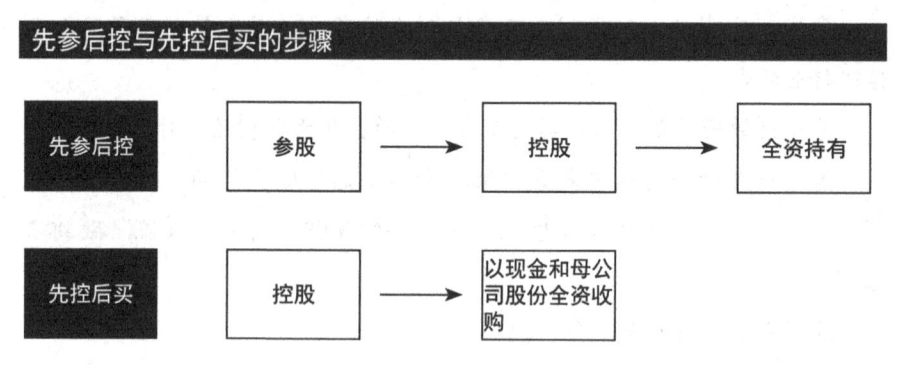

先参后控与先控后买的步骤

先参后控：参股 → 控股 → 全资持有

先控后买：控股 → 以现金和母公司股份全资收购

举一个具体的例子做说明。

2015年，美年大健康参股南通有限公司10%，在上市公司报表中产生"可供出售金融资产"账面余额300万元。

这意味着，南通有限公司当时估值3000万元，美年大健康持股10%，合作伙伴持股90%。

2016年，美年大健康执行"第二步"，增持南通有限公司股份至51%，新增41%股份共花费4100万元。

这意味着：

1.南通有限公司的估值从3000万元增长到1亿元。

2.合作伙伴套现了41%的股份，获得4100万元现金；同时，剩余的49%股份，其账面价值也从1470万元增长到4900万元，产生了3430万元的投资收益。

3.美年大健康原来持有的10%的股份，其账面价值从300万元增长到

1000万元，产生了700万元的投资收益。

显然，从参股到控股，当地合作者与美年大健康都获得了投资收益。不过需要注意的是，归属美年大健康的股份溢价部分，也即700万元投资收益将计入上市公司商誉，这里有潜在的商誉减值风险的存在。

当进行第三步时，美年大健康增持体检中心股份到100%，此时不会再产生商誉，只会影响资本公积。

先参后控，帮助美年大健康"低成本""高回报"地完成了并购扩张，凭借对合作伙伴的吸引力其扩张速度也远超友商。

2018年年底，美年大健康控股256家、参股292家、在建85家体检中心，总数量是爱康国宾的5倍左右。

先参后控产生的投资收益，反应在财报中体现为"分步交易"所产生的投资收益。2017—2018年，美年大健康的投资收益分别为6436.44万元和19541.08万元，其中，分步交易达到控制合并层面调整公允价值产生的收益就达到5281.30万元和14331.86万元。

先参后控对美年大健康产生的投资收益体现在"分步交易"上

美年大健康	截至12月31日（年度）	
	2018年	2017年
	（人民币万元，四舍五入）	
权益法核算的长期股权投资收益	-1089.86	-332.40
处置长期股权投资产生的投资收益		112.33
可供出售金融资产在持有期间的投资收益	3486.33	
处置可供出售金融资产取得的投资收益	337.97	
分步交易达到控制合并层面调整公允价值产生的收益	14331.86	5281.30
融资租赁利息	2419.41	1115.73
理财产品收益	55.37	259.49
合计	19541.08	6436.44

数据来源：美年大健康投资收益表

值得一提的是，先参后控只要稍作变形，变成"先控后买"，就能成为以上市为目标的企业的新型招商方案，具体来说分为两步：

第一步，开设新的合伙店，企业持股51%，合作伙伴持股49%，由此实现并表，同时可以为合作伙伴分配更多的分红比例。

第二步，当企业筹备IPO时，可以向合作伙伴承诺，在母公司IPO前，以营业额、净利润、增长率、市占率等指标对合伙店进行估值，再以一部分现金和母公司股份的形式收购合伙店剩余股份。

这样一来，合作伙伴实际赚了三笔钱：一是产品和服务的差价；二是门店被收购的现金投资收益；三是母公司IPO后所持股份的变现投资收益。

毫不夸张地说，让加盟商既赚差价又赚资本收益，正成为大势所趋。

* * * * * *

所有眼科医院里，爱尔眼科最懂连锁经营与并购扩张，因此做得最大。

爱尔眼科（300015）
分级连锁，基金并购

爱尔眼科已成为全球最大的直营连锁眼科专科医院，其在2009年上市，十年时间净利润增长超过10倍，达到10亿元级别。

爱尔眼科从事的是毛利率较高的眼科业务，主营业务以"三驾马车"为主：屈光业务，即视力矫正手术；白内障业务，即白内障手术；视光业务，即医学验光配镜。三项业务都属于增长潜力较大的业务，渗透率有待进一步提升，整体毛利率近年来稳定在45%左右。

不过，业务能力再突出，爱尔眼科也面临一家连锁医院的一般痛点：医疗资源分配不均衡。简单说就是，越好的医生和医疗资源，越集中在一二线城市，但是三四线城市和广大的农村地区也有大量患者，他们的就诊需求被漠视了。

传统的医疗体制无法解决医疗资源分配不均衡的问题，爱尔眼科则创造出了一套分级连锁模式,以破解行业痛点。

分级连锁模式,第一级为中心城市医院,解决疑难杂症,是医疗科研中心和品牌中心。

第二级为省会城市医院,开展全眼科业务,相当于服务中心,向下收治重症患者,向上转诊重症患者。

第三级为各地市医院,开展常规眼科业务,承担建立服务网络的任务,向上转诊重症患者。

第四级为县级医院,开展基础眼科业务,向上转诊重症患者,更多的意义在于品牌的下沉和渗透。

分级连锁的价值,在于建立了通畅的优质医疗资源及患者的流通机制,上级医院可以为下级医院提供医疗技术支持,下级医院可以为上级医院低成本输送患者,极大提升了整体的运营效率。

与体量相当的美年大健康相比,爱尔眼科的销售费用占营收的比重更低

	截至12月31日(年度)			
	(人民币亿元,百分比除外)			
	美年大健康		爱尔眼科	
	2017年	2018年	2017年	2018年
营业收入	62.82	84.48	59.63	80.09
销售费用	15.32	20.27	7.74	8.26
销售费用占比	24.39%	23.99%	12.98%	10.31%

反映在财报中,分级连锁的优势体现在销售费用占比较低。爱尔眼科与美年大健康在营收、销售人员占比等方面都属于同一级别,但爱尔眼科的销售费用占营收的比重只有美年大健康的一半左右。

关键是,分级连锁面对单打独斗的连锁竞争者,几乎是无解的存在,爱尔眼科趁此开始收编友商,壮大自身实力。

我们在解析美年大健康的商业模式时,曾讲到先参后控的并购模式。爱尔眼科的并购扩张模式与先参后控的并购模式有异曲同工之妙。

爱尔眼科参与设立的并购基金

基金类型	基金名称	募资规模	爱尔眼科持股	GP
眼科产业并购基金	东方爱尔医疗产业并购基金	200亿元	10%	东方金控
	湖南爱尔中钰眼科医疗产业并购基金	1000亿元	9.8%	中钰创投
	南京爱尔安星眼科医疗产业并购基金	1000亿元	19%	前海安星
	湖南亮视交银眼科医疗合伙企业	794亿元	19.5%	前海安星
股权投资并购基金	北京华泰瑞联并购基金	1000亿元	10%	华泰瑞联
	南京华泰瑞联并购基金1号	5435亿元	3.7%	华泰瑞联
	宁波弘晖股权投资合伙	818亿元	3.4%	煜晖投资
	深圳市达晨创坤股权投资	1538亿元	7.8%	创坤投资
	华盖信诚医疗健康投资成都合伙企业	781亿元	1.3%	华盖资本

从2014年开始，爱尔眼科以LP身份设置若干并购基金，爱尔眼科持股量最低1.3%，最高19.5%。

这些并购基金投资爱尔眼科看中的目标医院，开始体系外的孵化培育。2~5年后，当目标医院的运营趋于成熟，进入稳定的盈利期，再由爱尔眼科将其转入上市公司体系内。

从体系外孵化到转入体系内，爱尔眼科通过这种方式，减少了初期的投资资金，也规避了目标医院初期经营不成熟对上市公司产生的不利影响。而GP、其他LP愿意与爱尔眼科合作组建并购基金，根本目的在于上市公司承诺日后将这些体系外医院转入体系内，由此实现溢价收购，产生投资收益。

与美年大健康的先参后控的并购模式不同的是，美年大健康在第一步就直接持有了一部分目标医院的股份，其他股份则由并购基金与合作伙伴持有。爱尔眼科在第一步并未直接参股，而是由并购基金全权操办，并且后续没有先参后控的过程。

这一区别，使爱尔眼科规避了从"参"到"控"的环节，因溢价收购产生的商誉增加，使整个过程对上市公司的影响更小。

2017年，爱尔眼科首次将并购基金旗下的9家眼科医院从体系外转入上市公司体系内，完成了一次闭环操作。而在设立并购基金以前，爱尔眼科每年新增门店数仅有个位数；设立并购基金后，爱尔眼科每年新增的门店数平均超过30家。截至2019年，其在中国内地共开设门店357家，在中国香港和海外地区分别有7家和77家。

爱尔眼科的门店规模，已是其他竞争对手的数倍。其规模优势有可能产生"滚雪球"的效应，即优势越来越大，行业格局不断向有利于爱尔眼科的局面发展。

这一切，源自商业模式顶层设计的力量。

* * * * * *

复星医药通过并购成为"医药王国"，其经营逻辑不是做药逻辑，而是PE逻辑。

复星医药（600196；2196.HK）
做药没做大，买药做大了

复星医药，是在复星集团资本大鳄郭广昌旗下，与房地产并列的原生业务。

但是，复星医药的核心竞争力并不是做药，而是通过并购，对医药资产进行整合。因此，复星医药总是被称作"不是医药公司的医药公司"，其通过PE手段，创立了集研发、生产、销售、渠道为一体的"医药王国"。

复星医药的前身是复星实业，1994年成立，1998年于上交所IPO。起初，复星医药与恒瑞医药等医药公司相似，自主研发、生产和销售，主营产品为诊断试剂。

正是在1998年IPO前后，复星医药的经营逻辑发生了变化，在医药行业内开始实施以控股为主的并购，尤其是收购当时拥有"拳头产品"、具有高收益的医药公司。而且，就在与上市公司并表后不久，这些控股公司就成为上市公司营收和利润的主体。

但是，控股具有天然风险。首先，需要投入大量的经营资源，将面对不同企业文化间的融合问题；其次，不能回避周期问题，容易拖累上市公司的业绩。

比如，复星医药早期收购的克隆生物，曾为上市公司贡献了主要的营收和利润。但当其业绩下滑、出现亏损时，又开始拖累复星医药的母体。

2002—2003年，复星医药腾笼换鸟，通过控股并购，拿下重庆药友和桂林制药，转换赛道成为肝炎、疟疾医药巨头。不过，就是从这个时候起，复星医药的产业投资逻辑发生了变化，逐渐从"经营为主、控股为主"转变为"投资为主、参股为主"。

参股为主，简言之就是股权投资，做PE的事情。参股逻辑与控股逻辑有三点区别。

第一，参股不需要陷入企业经营的漩涡，投资标的不并表，仅通过分红、账面浮盈、股权处置等影响上市公司的投资收益。

第二，控股需要投资标的当下盈利，能够尽快反哺上市公司；参股则可以不看当下，只看资本增值潜力。基本逻辑是反周期并购，正周期抛售，低买高卖。

第三，虽是参股，适当的时候也可以控股，即先参后控；同样的道理，即便是已经控股，也可以在适当的时候变现离场。

和睦家就是复星医药PE逻辑下的典型案例。

和睦家原是复星医药布局高端诊所的重要一环。此前，复星医药通过全资子公司复星实业，与PE机构德太投资各自分享和睦家42%股份。

近年来，和睦家扩张布局一线城市，投入较大，一直未能盈利。同时，复星医药与和睦家的高层也存在意见不统一，很难继续合作。

在这样的背景下，复星医药接触到2018年于纽交所上市的壳公司NFC，其董事长正是中国香港前财政司司长、南丰集团行政总裁梁锦松。经双方协商，复星医药把和睦家处置给NFC，换得4.2亿美元现金和部分NFC可流通股份，NFC则直接获取和睦家已具规模的高端诊所实体业务。

由复星医药2018年的财报，我们可以发现：复星医药通过设立或投资取得的子公司有9家，非同一控制下企业合并取得的子公司有24家，以上公司均为直接或间接控股。同时，复星医药还有合营企业1家（持股50%），联营企业19家（参股企业）。

这些企业，一起构成了复星医药的"医疗板块"和"投资板块"。

医疗板块中，包括药品制造与研发、医疗服务、医疗器械与医学诊断、医疗分销与零售，基本覆盖医药健康全产业链。

而在投资板块中，不乏国药产投、颈复康、天津药业、复地股份等明星企业。

偏向于投资属性，复星医药开始出现了两大财务表征。

在复星医药投资板块中，收购溢价越多的项目商誉风险越大

	截至 2018 年 12 月 31 日（年度）		
	商誉余额	占商誉比重	
	（人民币亿元，百分比除外）		
Gland Pharma	39.93	45.1%	
锦州奥鸿	8.68	9.8%	
Sisram Medical	7.61	8.6%	商誉前五名
恒生医院	6.46	7.3%	
苏州二叶	5.14	5.8%	
复星医药商誉总额	88.54	——	

第一，商誉规模较大。2018年年底其商誉余额已达88.54亿元，2018年一年时间就增长了一倍多。其中，复星医药收购印度注射剂药品生产制造医药业务公司Gland Pharma，产生的商誉增量就高达39.93亿元。

庞大的商誉可能带来风险。2018年，复星医药旗下BREAS产生商誉减值费用8000万元，负向影响净利润约2.56%。

第二，复星医药的"投资板块"开始明显强过"医疗板块"。

复星医药净利润的主要来源是来自合营和联营企业的投资收益

	截至 12 月 31 日（年度）		
	2016 年	2017 年	2018 年
	（人民币亿元）		
净利润	28.06	31.24	27.08
投资收益	21.25	23.07	18.15
其中：对联营企业和合营企业的投资收益	13.34	13.51	13.49

2016—2018年，复星医药净利润分别为28.06亿元、31.24亿元和27.08亿元，投资收益分别占到21.25亿元、23.07亿元和18.15亿元，其中大部分都是由参股的合营企业、联营企业贡献的。

不过，PE模式也遵循PE行业的一般规律：二八规律，即只有少数项目能够盈利、退出，绝大部分收益都来自其中的几个项目。

2018年，港交所上市公司国药控股实现净利润94亿元，国药产投持有国药控股52.88%的股权，复星医药持有国药产投49%的股权，也即复星医药间接持有国药控股25.91%的股权。因此，仅国药产投就为复星医药带来超过20亿元的账面浮盈。可以试想一下，如果没有参股国药产投，复星医药2018年的投资收益为负值。

频繁的买与卖，最终的目标是寻找到类似国药产投这样的利润王，或者类似和睦家这样的独角兽企业。只要其中几个投资标的获得成功，便能支撑复星医药主体的营收和利润。

"做药"没做大，但通过"买药"做大了，复星医药的PE模式也是一条康庄大道。

* * * * * *

独角兽企业不一定亲自搏杀市场，也可隐于后端专注于研发外包服务。

药明康德（603259；2359.HK）

高级代工，研发外包模式

2015年12月，药明康德于纽交所私有化退市，2018年分别于上交所、港交所再上市，总市值超过3000亿元。

药明康德可以类比富士康，皆为代工企业。但此"代工"非彼"代工"，药明康德从事的是新药研发外包服务，属于医药行业的高精尖领域。

西药行业已处于专业化分工的高级阶段，可以分为研发、制药、流通等多个环节。在研发环节，技术含量高，研发周期长，动辄耗费10年以上、数十亿元资金，风险极高。因此，制药企业一般都会选择把部分研发环节委托外包给医药研发服务企业。

从药明康德的财报中，我们大致能够了解这门生意基本的商业模式。

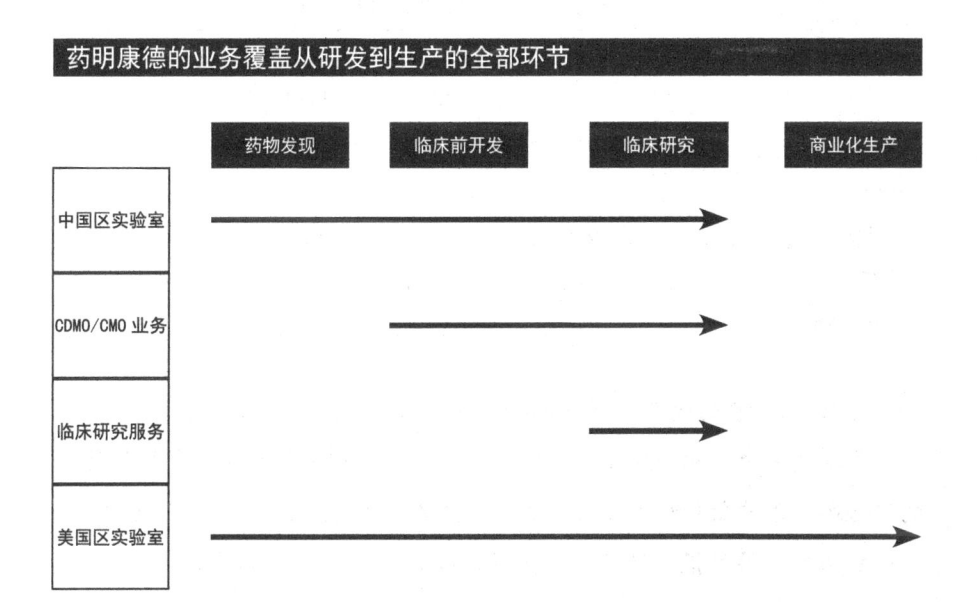

药明康德的业务覆盖从研发到生产的全部环节

	药物发现	临床前开发	临床研究	商业化生产
中国区实验室	→→→→→→→→→→→→→→→→→→→→→→			
CDMO/CMO 业务		→→→→→→→→→→→→→→→→→		
临床研究服务			→→→→→→→→	
美国区实验室	→→→→→→→→→→→→→→→→→→→→→→→→→→→→→→→			

首先是CRO业务，合同研发服务，即新药研发外包服务。

其次是CMO业务，合同生产业务，即药品委托生产服务，可理解为代工生产。

最后是CDMO业务，合同研发与生产业务，即在CMO的基础上，增加相关产品的定制化研发、生产业务，相当于"研发+生产"的外包代工服务。

事实上，除了外包、代工，药明康德的商业模式也可以理解为共享经济，通过开放式的研发平台，实现为中小型制药、生物公司赋能，使这类公司无需投资建设实验室、建立完整的研发部门，就能实现新药开发。这就是实验室和研发团队的共享。

2018年，药明康德的营收为96.14亿元，CRO业务占71.93%，CMO/CDMO业务占28.07%。这样的业务及营收结构，说明药明康德的营收实际上来自各大药企的研发投入。伴随近年来医药行业研发生产外包的增长趋势，药明康德的增长可能长期维持在20%以上。

作为高精尖研发外包服务行业的代表，药明康德最大的成本是"人"

	截至12月31日（年度）			
	2018年	占比	2017年	占比
	（人民币万元，百分比除外）			
主营业务成本	581183.44	—	448653.38	—
其中：				
直接人工	240063.84	41.31%	171553.02	38.24%
原材料成本	145380.09	25.01%	112629.70	25.10%
间接费用	195738.91	33.68%	160470.66	36.66%

作为一门2B的生意，判断其行业话语权的标准大致有两个。

第一是客户结构。2018年，药明康德前五大客户的销售额占销售总额的20.80%，客户集中度不高，说明其客户来源广泛，不太受下游的钳制。

药明康德的财报也显示，其数据库拥有超过3500个客户。

我们在分析普滤得的商业模式时，就曾遇到：一个农夫山泉带来的销售额就占总销售额的28.46%，当大客户延长账期，普滤得就会非常难受。

第二是应收规模。2018年，药明康德应收账款及票据有19.97亿元，占总资产的比例为8.8%，尚在可接受的范围内，其应收规模占营收的比重近年来在持续下降。

应收规模越大，说明对下游的话语权越弱。不过，从药明康德的财报中，我们能得到一个结论：对商业模式尤其是交付模式的适当改造，有助于话语权及业绩的提升。

大多数CRO企业，选择的都是传统的交付模式，一手交钱一手交货。该模式的合同规模一般较小，收益较低，遇到强硬的大客户也很难做到真正的先款后货。

第二种交付模式是结果导向模式，双方设定一个期限，CRO企业完成项目研发的时间越早收入越多，反之则越少。结果导向模式有助于像药明康德这样的大型CRO企业，通过助推新药尽早上市而分享更多的收益。

第三种交付模式是里程碑模式，根据完成进度支付相应比例的金额。

里程碑模式其实就是"交钥匙模式"，账期较长，本质上是先货后款。我们在分析普滤得的商业模式时已经指出，这种交付模式风险很高。

第四种交付模式是风险共担模式，可能将是未来CRO企业的主要交付模式。CRO企业通过自有资金、技术或销售团队的优势，直接投资一部分新药的研发，当新药完成研发及上市时，CRO企业能够获得销售提成、项目分红，以及客户下一个项目的订单。

从药明康德的财报可知，其广泛使用的交付模式为一手交钱一手交货模式、风险共担模式和里程碑模式。交付模式的多元化，对应支付能力不同的客户。

相较国际知名的CRO企业，药明康德独有的优势在于，它身处全球最大的创新药市场，面对的是来自全球的客户，这将为其带来持续且丰厚的利差回报。

* * * * * *

买地买成最大的地主，红星美凯龙建立更轻的包租婆模式。

红星美凯龙（601828；1528.HK）
比重资产轻，比轻资产更轻

红星美凯龙是国内持有投资性房地产最多的上市公司，其2018年年底持有的投资性房地产规模为785.33亿元，占到总资产的70.84%。

这与红星美凯龙的商业模式密切相关。

红星美凯龙最早采用的是前店后厂模式，生产、销售一手抓。1996年，其创始人车建新决定放弃生产环节，主营家具城，转型为渠道商，基本的盈利模式是收取品牌商入驻的租金。

事实证明，这条道路是正确的。如果把家具产业链进行拆分，大概是这样：上游原材料厂商，毛利率20%；中游家具制造商，毛利率30%~40%；下游渠道商，毛利率70%。显然，渠道商的毛利率最高，话语权最强。

红星美凯龙买地买成最大的地主

	截至12月31日（年度）		
	（人民币亿元，百分比除外）		
	2016年	2017年	2018年
总资产	815.35	970.15	1108.61
投资性房地产	669.48	708.31	785.33
投资性房地产占总资产比重	82.11%	73.01%	70.84%
税前利润	48.02	59.86	60.19
投资性房地产-公允价值变动损益	17.54	19.96	17.67
公允价值变动损益利润占比	36.53%	33.34%	29.36%

转型为渠道商后，红星美凯龙形成自营和委托管理两大商业模式。

自营模式，指红星美凯龙通过自建、外购、租赁取得的经营性物业，对外招商，提供服务，收取租金及获得管理收入。其中，自建、外购的物业资产，就是红星美凯龙财务报表中对应的投资性房地产。

从商场的来源分析，自营模式又包括自建商场、租赁商场、合营商场和联营商场。

租赁商场：红星美凯龙向物业支付租金，又向入驻商户收取租金。

合营或联营商场的物业产权不属于红星美凯龙，仅按出资比例确定投资收益，间接影响上市公司的财务报表。

红星美凯龙的高明之处在于，其自营模式下的自建、外购商场，即自有物业，是以按公允价值计量的投资性房地产进行处理的，具有三大特点：

1. 不需要计提折旧；
2. 主要成本支出发生在开业前的购买和开发建设阶段；
3. 按公允价值计量，确定投资收益。

因此，不计提折旧，成本前置，红星美凯龙自营模式的毛利率偏高，而且既收租又赚增值收益，本来资产很重的自营模式由此变轻了。

事实也证明，红星美凯龙的投资性房地产全部分布在一二线城市，因为一二线城市土地增值潜力最大，商业地产的价格最坚挺。

在三四线城市，红星美凯龙选择的主要是委托管理模式，即商户与合作方出资拿地，红星美凯龙负责施工建设，开业后再输出品牌和管理。

红星美凯龙的商业模式：自营+委托管理

自营模式

商场类型	运营管理方式	项目公司股权结构	物业归属	收入来源	成本费用构成
自建	公司全权且独立负责商场日常经营管理	公司全资或控股子公司	公司全资或控股子公司	租赁费、管理收入、其他业务收入	商场经营所产生的的一切成本、费用、税收
租赁	公司全权且独立负责商场日常经营管理	公司全资或控股子公司	出租方或最终产权人	租赁费、管理收入、其他业务收入	商场经营所产生的的一切成本、费用、税收，包括经营物业租金
合营、联营	公司负责商场的日常经营管理，并与合营、联营方分担投资风险	公司合营、联营公司	公司合营、联营公司	对相关长期股权投资按照权益法核算并确认投资收益	

委托管理模式

收入项目	收费标准	收入取得对象	收入确定阶段
项目冠名咨询费收入	固定金额，根据项目城市、商场规模及商场位置决定，通常在800~3000万元之间，招商费一般在50~300万元之间	委托商场合作方	开业前、开业时
年度管理费和委托管理服务收入	年度管理费根据项目确定固定金额，一般在30~600万元之间，以及租金收入增加部分的6%~10% 委托管理服务收入根据商场日常经营管理的相关成本费用确定金额	委托商场合作方	开业后
工程项目商业管理咨询费收入	固定金额，根据项目确定收费金额，一般在500~3000万元之间	建筑施工单位	于商场竣工并达到可开业状态后

在委托管理模式下，红星美凯龙可以收到4笔钱：向施工单位收取的商业管理咨询费，向委托方收取的项目冠名咨询费、年度管理费和委托管理服务收入。

委托管理模式显然是一种轻资产模式，利用了商户与合作方的资金和资源，可以实现加速扩张。不过，相比一般渠道商的轻资产模式，红星美凯龙的委托管理模式更"轻"。

渠道商的轻资产模式，主要是通过租赁物业而非自有物业实现快速扩张，仍然需要支付租金，入驻商户的生意好坏决定租金收入的多少，因此会直接影响经营状况。

红星美凯龙的委托管理模式则不需要支付拿地成本，也没有租金成本。而且，作为管理方，入驻商户的经营状况无法直接影响到红星美凯龙，经营风险较小。

截至2018年年底，红星美凯龙自营门店达到80家，委托管理门店达到228家。

自营和委托管理模式，构成了红星美凯龙良好的持续增长逻辑。红星美凯龙可以通过自营模式，在一二线城市树立品牌，通过土地增值不断获益；可以通过委托管理模式在三四线城市大量开店，同时又不需要负担太多资本开支。

红星美凯龙从1998年就开始买地，现如今已成为国内上市公司中最大的"地主"，其财务报表必然会出现两个特点。

一是负债率较高，公司需要大量资金购买物业及投入商场建设。截至2018年年底，红星美凯龙的负债率已经高达59%，其净资本负债率更是超过了62%。

二是来自投资性房地产，即自有物业的公允价值变动损益较高，占利润的比重较大，基本在税前利润的20%~40%之间。

事实证明，买房要趁早。

* * * * * *

尚品宅配做得很"重"，但是押注未来，潜力依然巨大。

尚品宅配（300616）
柔性生产链，C2B+O2O

在家具制造环节，尚品宅配是商业模式的颠覆者。

尚品宅配原是一家室内设计软件公司，位于产业链的上游，后来从上游转至中下游，生产和销售一手抓。

尚品宅配的创新在于，引入了柔性生产链，专注解决一个行业的痛点，即以较低成本、较快时间生产非标准化的、个性化的、定制化的零部件。比如，利用大数据系统，对所有客户的订单需求进行分类，批量生产相同类型的零部件，再印上二维码，最后重新组合成每一位客户所需要的家具。

生产环节的柔性化改造，带来商业模式上的巨变。

第一，从B2C变成C2B或M2C。

传统的家具制造商，是向客户销售成型的产品，提供的都是标准化的产品，客户是被动接受的。

尚品宅配的客户则拥有自主选择的权力，通过线上系统找到自己的房型，利用三维虚拟实况技术，在几万种家具设计中选择感兴趣的部分进行"组装"，从而组合产生个性化的设计方案，由此满足客户千变万化的需求。

第二，从线下变成O2O。

由于线上系统的存在，尚品宅配的商业模式转变为线上线下结合，线上线下集客，线上设计、线下交付，客户数据得以更好留存，从而更好地掌握客户需求。

在家居行业，尚品宅配的营收目前还不如欧派家居、索菲亚，净利率水平也比较低，在同行业中不占优势，但"C2B+O2O"的商业模式代表未来的家居消费趋势，资本市场给予尚品宅配很高的估值，其市盈率与欧派家居相当，并明显超过索菲亚。

C2B+O2O的商业模式为尚品宅配带来低营收、低净利率背景下的高估值

截至2018年12月31日（年度）
（人民币亿元，百分比、倍数除外）

	尚品宅配	欧派家居	索菲亚
营业收入	66.45	115.10	73.11
净利润	4.77	15.72	9.59
净利率	7.18%	13.66%	13.12%
市盈率	26.35倍	27.08倍	17.67倍

制约目前尚品宅配营收增长、净利率水平的原因,在于其尚未形成规模效应,商业模式仍处于发展的早期,投入较大,各个方面尚需磨合。

比如,欧派家居、索菲亚等友商普遍采取以经销商为主的渠道模式,利用经销商的资金和资源快速扩张市场,加盟店的收入占据绝对主导地位。

尚品宅配的情况则是,加盟店的数量虽然是直营店的十几倍,但直营店的营收占比接近40%,与加盟店的营收是大致相当的,这说明加盟店还没有真正磨合到理想状态,尚处于投入较大的开拓期。同时,无论哪种模式的门店,都需要尚品宅配总部配备大量的销售服务人员,投入接触客户、辅导客户生成个性化设计方案、提供免费物流服务等工作,成本、费用支出压力更为艰巨。

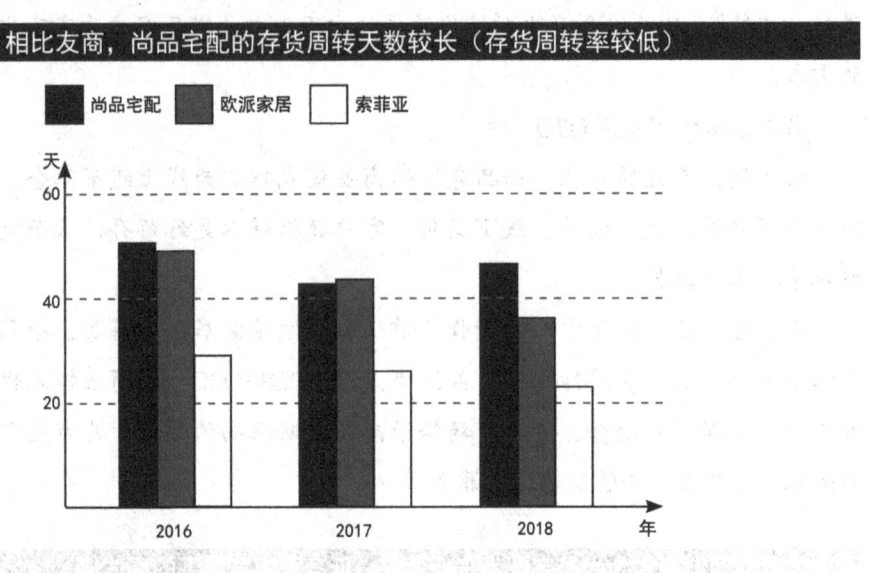

相比友商,尚品宅配的存货周转天数较长(存货周转率较低)

反映在财报中,有两个表征。

第一,尚品宅配的销售人员数量更多。欧派家居、索菲亚的销售人员均处于1000人的量级,尚品宅配销售人员的数量则为6918人,2018年仅销售人员的工资就需要付出9.03亿元,占销售费用的比重高达46.07%。

第二,尚品宅配的存货周转率较低。这有两方面的原因,一是在定制家具的订单中,全屋定制的比例较多,导致交付周期更长;二是尚品宅配直营店的营收占比较大,直营店的产品权属转移一般都要比加盟店更慢。

事实上,只有当尚品宅配形成规模效应时,其真实体量才会有所显现。

2018年，尚品宅配直营店的数量为101家，实现营收26亿元，即直营店平均单店营收为2574.26万元。加盟店有2100家，实现营收36亿元，即加盟店平均单店营收为171.43万元。如果加盟店持续优化，商业模式效率持续提升，尚品宅配加盟店的营收能够做到直营店的50%，则其营收规模将近300亿元，近3倍于欧派家居。

尚品宅配并不满足于做"C2B+O2O"商业模式的代表，其真正的野心在于建立生态，做家居行业定制化服务的流量入口和中心。

为此，尚品宅配将其定制软件和云系统免费向装修公司开放供其使用。利用这套系统，装修公司除了能实现装修一体化设计的基本功能，还能追溯上游，与定制家具配套产品、原材料供应商直接对接。设计图和详实方案出炉后，客户和装修公司便能通过尚品宅配的加工厂完成落地、交付——只要是装修公司转来的订单，尚品宅配都会实施更低利润率的策略，甚至完全出让利润给装修公司。

与装修公司结盟，有助于尚品宅配将市场一线前置，占据领先位置。装修公司的核心痛点与尚品宅配也是一致的，即为客户提供非标准化的、个性化的、定制化的产品，与其自己开发一套系统，不如选择现成的系统。

尚品宅配近年来保持年20%以上，甚至30%以上、50%以上的增长，考虑到定制家具在整个池子中的份额仍然偏小，尚品宅配或是未来的一只"巨兽"。

※ ※ ※ ※ ※ ※

三四线拿地、3~4个月开盘，高周转配合高杠杆带来滚雪球式的高回报。

碧桂园（2007.HK）

高周转，天下武功唯快不破

碧桂园2017年全年销售5508亿元，首次超过恒大、万科，成为"第一大房企"。而在十多年前，碧桂园在行业内仅能排到9~10位，销售额只有三四百亿元。

十多年20倍，碧桂园的高周转模式造就了这一奇迹。

碧桂园的高周转模式，即以农村包围城市的战略，在三四线城市大量拿地，拍下土地的当天出设计图，3个月开盘，4个月资金回笼，5个月资金再周转，实现极速开发和极速扩张。

碧桂园并非高周转模式的发明者，比如，万科的当年开发当年销售模式，保利的高周转强回笼模式。但是，碧桂园无疑是高周转模式的极致执行者，其平均开盘时间可以缩短到3~4个月。

高周转模式，对开发商而言，就是提高净资产收益率的"兴奋剂"。

房地产开发，本身就可以做成一门杠杆率极高的生意。开发商可以选择融资，融资60%~70%后再参与土地竞拍；拍下土地后，凭施工证就可以把土地抵押给银行，套出贷款。同时，开发商可以要求施工方垫资，减少前期投入；当开发商拿到预售证，就可以通过销售回款，体现在财报中即预收账款或合约负债。

高杠杆带来高回报，而高周转会进一步放大高杠杆的作用。

首先，不断拿地和交付，加速资金周转，相当于在高杠杆的后面再增加一个乘数，回报倍增。

其次，高周转可以无视土地升值，因为资金回笼够快，开发商可以很快就把资金投放到下一块土地上。

高周转的这一属性，简单说就是"不囤地""不捂地"，算是一项属于"良心开发商"的技能。事实上，一二线城市土地增值空间大，三四线城市土地增值空间小，客观上决定了三四线城市更适合高周转，而一二线城市更适合"低周转"。

最后，高周转模式不注重单一项目的收益，一般匹配较低的单盘收益率，房价实惠、房子好卖，项目风险也被降低了。

众所周知，净资产收益率=销售净利润率×资产周转率×权益乘数。

在今天的房地产市场环境下，销售净利润率被房价政策、拿地成本上升所限制，开发商很难有所作为；权益乘数就是杠杆乘数，已被种种去杠杆政策限制，很难再有回旋余地。因此，开发商提升业绩的唯一动力，只能作用在资产周转率，也即高周转上。

图解：通过杜邦分析法拆解碧桂园高周转模式

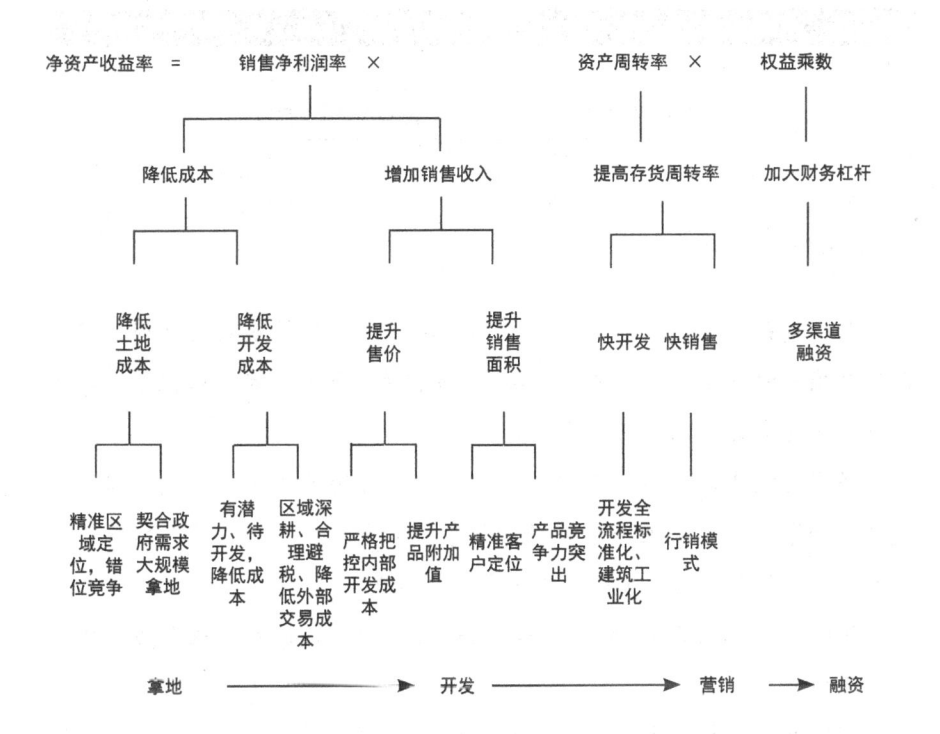

净资产收益率 ＝ 销售净利润率 × 资产周转率 × 权益乘数

- 销售净利润率
  - 降低成本
    - 降低土地成本
      - 精准区域定位，错位竞争
      - 契合政府需求大规模拿地
    - 降低开发成本
      - 有潜力、待开发，降成本
      - 区域深耕、合理避税、降低外部交易成本
      - 严格把控内部开发成本
  - 增加销售收入
    - 提升售价
      - 提升产品附加值
      - 精准客户定位
    - 提升销售面积
      - 产品竞争力突出
- 资产周转率
  - 提高存货周转率
    - 快开发
      - 开发全流程标准化、建筑工业化
    - 快销售
      - 行销模式
- 权益乘数
  - 加大财务杠杆
    - 多渠道融资

拿地 → 开发 → 营销 → 融资

碧桂园最早参透了行业环境和高周转的玄机，自然也获得了最快、最大的回报。

反映在财报中，碧桂园的高周转模式具有三大表征。

第一，高周转模式集中应用在三四线城市，不追求销售毛利率，故而碧桂园的合同销售均价偏低。与主要开发商相比，碧桂园是唯一销售单价低于1万元的开发商。

第二，存货周转率、资产周转率高。碧桂园的存货周转率历来高于0.5次，远超行业的平均水平（大约为0.3次）；碧桂园2019年上半年的总资产周转率为0.28次，也比行业平均的0.23次高。

第三，高周转带来较低的真实负债率。碧桂园的负债率近年来接近90%，但扣除预收账款后，真实负债率不到60%。此外，碧桂园的有息负债率常年低于20%，2019年上半年的有息负债占流动资产的比重仅为22.5%，几乎没有长短债的压力。

高周转不追求销售毛利率，碧桂园的销售单价偏低（2019年前11个月）

	销售均价（元/平方米）	拿地均价（元/平方米）
万科	15500	5400
中国恒大	10300	2200
碧桂园	8900	3200

众所周知，越是在政策不明朗的环境下，高周转模式越有利。因为高周转换一种说法就是"速战速决"，当宏观风险来临时，碧桂园可以通过迅速回笼资金摆脱困境，提前上岸。

高周转模式的落地，需要具有极致执行力的团队支持。碧桂园已经建立了一条成熟自主的房地产开发链条，从设计、规划、施工到装修、物业管理，几乎涵盖房地产开发的每一个环节。

这种一体化的运营模式能够有效地把部分工作前置，从而实现项目的快速周转。

2016年，碧桂园还自主研发了一套SSGF建造系统，兼具品质、速度和低能耗，一栋30层高层洋房从开工至交付的基准周期由25.1个月缩短至15.8个月，可以节省9.3个月。

除了系统支持，碧桂园从2012年开始大幅度提升激励水平，以"同心共享"制度为例，所有新获取的项目均采取跟投机制，项目经过内部审批定案后，集团投资85%以上，员工跟投不超过15%的项目股权，共同组成项目公司，同股同权，"成就共享"。

在这套机制下，碧桂园年收入超过1亿元的区域总裁就有近10位，年收入超过1000万元的员工不计其数。

钱拿得多，员工工作更加"疯狂"了，高周转自然得以被顺利达成。

* * * * * *

万科的核心竞争力在于对市场、客户足够了解，进而能够预测市场。

万科（000002）
细分客户，未卜先知

在2017年以前，万科始终盘踞中国房地产市场第一的宝座。虽然近年来先后被恒大、碧桂园超过，但在房地产市场，万科仍是不可忽视的头部企业。

万科对房地产这门生意本身的钻研程度远超其他开发商，而且一直以来都是房地产行业的风向标。

2000年转型为住宅地产商后，万科开始奉行帕尔迪商业模式。

帕尔迪是美国知名房企，致力于像生产汽车一样，大规模、低成本地生产住宅。

帕尔迪的核心竞争力来自对客户细分的研究。帕尔迪把"美国客户"分为首次置房、首次换房、二次换房和活跃长者置房四类，并以此为基础扩展为11个小类，以不同的配套产品满足美国人一生的住房需求。

万科照搬帕尔迪的核心方法，从关注产品，转向关注客户，从客户的收入、生命周期和价值取向对产品进行改造和细分。

万科知道：什么时候开发什么样的住宅并卖给确定的客户群

利润		
成功家庭 9%		成功家庭 20%
职业新锐家庭 25%	成功家庭 13%	职业新锐家庭 20%
望子成龙家庭 18%	职业新锐家庭 30%	望子成龙家庭 25%
幸福晚年家庭 22%	望子成龙家庭 15%	幸福晚年家庭 15%
务实家庭 26%	幸福晚年家庭 20%	务实家庭 20%
	务实家庭 22%	
2004年需求旺盛期	2009年需求理性期	2014年需求饱和期 市场成熟度

通过调研，万科把"中国客户"分为5类，包括务实家庭、职业新锐家庭、望子成龙家庭、成功家庭、幸福晚年家庭。

比如，面向"职业新锐家庭"时，万科开发的社区会配备更多的图书馆和各种生活便利设施；对"望子成龙家庭"开发的社区，一定会匹配好的学校；面向"老龄客户"，万科发现老年人并不在意房子好不好用，而是在意"房子属于自己"的感觉。

在确定为谁服务后，万科很早便确定了2000—2020年的战略布局，确定了三个关键期：2004年需求旺盛期、2009年需求理性期和2014年需求饱和期，并以此规划不同时期的产品线。

具体落实时，以精细化、标准化管理，万科执行"点—线—面"的沃尔玛式扩张。因为产品单一化，万科的目标客户极其准确，在体制上采取一个总部强势控制，有计划地在不同城市的郊区"连锁开店"，形成大规模复制。

凭借超卓的研发、实践能力，万科逐渐形成了两大优势。

第一大优势：知道客户是谁，知道如何复制。万科解决了开发商异地开发的三个问题：产品的标准化、异地控制和异地管理。万科能以最小的开发成本最快地占领异地市场，做到"当年开发、当年销售"的收益模式。

体现在财报中，即万科能够做到"负债率高、真实负债率低"的良好资金使用效率。

万科能够做到"负债率高、真实负债率低"的良好资金使用效率

2018年 亿元	总资产	总负债	负债率	预收账款或合同负债	真实负债率
万科	15300	12900	84%	5047	51%
中国恒大	18800	15700	83%	1858	74%
碧桂园	16300	14600	90%	5018	59%

房地产负债率高源于巨大的资金需求，主要体现在：应付地价，开发商买地产生的负债；应付及预提工程款，拖欠建筑公司工程款产生的负债。

万科2018年负债首超万亿元大关，2018年年底负债1.29万亿元，负债率超过房地产行业80%的平均值，达到84%。

真实负债率，是在扣除预收账款（或合同负债）后的负债率，即扣除期房销售款的负债率。万科2018年年底的合同负债高达5047亿元，真实负债率为51%，这一比率又远远低于恒大、碧桂园等友商。

第二大优势，则是万科"神乎其神"的绝技：万科对房地产行业趋势及宏观面的预测准确度远远领先于友商。

万科最早抓住了住宅市场的红利期，最早抓住了住宅市场下沉的趋势，最早意识到住宅市场趋紧进而做出战略调整……犹如春江水暖鸭先知，万科近20年来从未在宏观战略层面犯错，屡次引领整个中国房地产市场。

因此，观察万科财报中的两项数据：拟开发土地和在建开发产品，已成为房地产市场研究人员的必修课。

在一般情况下，当预测宏观市场形势平稳时，万科倾向拿地和囤地的趋势将增强，在财报中就是"拟开发土地"的数值会上升。

而当预测房价走强、销售走强时，万科就会倾向抓紧建房开卖，在财报中就是存货里的"在建开发产品"的数值上升。

如果预测宏观市场形势走弱，房价下行压力较大，那么万科即不倾向于拿地，也不倾向于建房，拟开发土地与在建开发产品的数值双跌。

2015—2017年，万科拟开发土地为1035亿元、1369亿元、2176亿元，占总资产的比重分别为16.94%、16.48%、18.68%。同时，在建开发产品为2284亿元、2848亿元、3290亿元，占总资产的比重分别为37.36%、34.30%、28.23%。

可以看出，万科仍在拿地，但在建开发产品占总资产的比重急速下降，3年来已经下降了快10个百分点。这与2018年以来中国房地产市场宏观趋势平稳、房价被严控的局面完全相符。

谁是中国房地产市场的真正"赌神""预言家"？万科必然是其中最具实力的角逐者。

* * * * *

从重资产模式的房地产开发，到轻资产模式的股权投资，张江高科完成了商业模式的重大转型。

张江高科（600895）
房东+股东，科技投行模式

张江高科原是依托政府平台的高科技园区开发运营商，其位于上海的科技园区规划面积79.7平方千米，最早的商业模式是房地产开发和土地批租，即张江高科做"房东"，卖房子和卖地。

伴随园区土地存量越卖越少，房地产开发模式不再可持续，张江高科在2015年做出重大商业模式转型，向产业服务模式和股权投资模式转型。

产业服务模式，即从简单地为园区入驻企业提供空间载体和入驻服务，向为企业提供多类别、高质量的服务转变。这些服务包括咨询服务、金融服务、孵化服务、物流仓储服务、园林绿化和通讯服务等，实质是对入驻客户价值的二次开发。

股权投资模式，是张江高科的商业模式转型重点，即利用其园区开发运营商的优势，选择优质企业及项目进行股权投资，在吸引优质企业入驻的同时，亦能分享企业成长带来的后续投资收益。

由于对园区内高科技企业的投资众多，张江高科被冠以"科技投行"的头衔。

房地产开发模式、产业服务模式和股权投资模式，三者所要求的企业禀赋完全不同，不夸张地说甚至是"三种企业"。

房地产开发模式属于重资产模式，依靠土地增值和房地产销售盈利，需要企业拥有较强的园区规划开发能力和招商能力。

产业服务模式属于轻重资产结合的模式，房地产销售的比重下降，租金与服务费的比重上升，需要企业拥有较强的产业综合服务能力。

股权投资模式属于轻资产模式，房地产销售的比重进一步下降，租金与服务费占营收的比重较大，同时投资收益成为主要盈利点，需要企业具备投行思维和较强的资源整合能力。

在向股权投资模式转型后，张江高科的主营业务收入仍由物业载体的出租和出售构成，股权投资业务并不体现在主营业务收入的构成中，其财务表征体现在另外两个地方。

其一是资产负债表中的长期股权投资与可供出售金融资产，主要包括直接投向实体企业的投资和投向母基金的投资。

比如，2016年，张江高科直接投资的康德莱，以及由全资子公司张江浩成通过子基金投资的步长制药，都已在上海主板IPO。

财报显示，2016—2018年，张江高科可供出售金融资产的规模在20亿元左右，长期股权投资的规模在30亿元左右。

其二是利润表中的投资收益，来自持有公司股权获得的红利（持有收益）或者股权出售取得的收益（处置收益）。

从2016年开始，张江高科的投资收益向持有收益靠拢

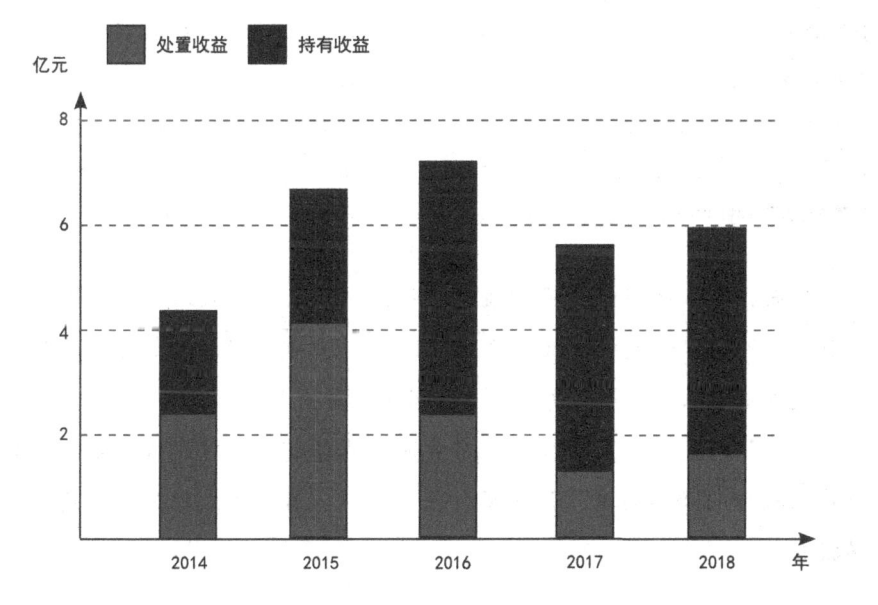

由以下两个公式：

处置收益＝处置长期股权投资产生的投资收益＋处置可供出售金融资产取得的投资收益；

持有收益=按权益法核算的长期股权投资收益+可供出售金融资产取得的投资收益。

可知,张江高科2014—2015年的处置收益高于持有收益,从2016年开始持有收益开始超过处置收益。

这标志着,张江高科的投资从以售卖持有股权获得收益为主,转为以长期持有股权取得收益为主。前者倾向于一般投资机构的风格,注重退出变现,后者更贴近产业投资机构的风格,注重长期持有。

近年来,张江高科由物业载体带来的销售收入在逐年减少,出租收入则增长缓慢,导致其主营业务收入的持续下滑。

张江高科的投资收益已经成为其营业利润的主要构成

	截至12月31日(年度)		
	2016年	2017年	2018年
	(人民币亿元,百分比除外)		
营业总收入	20.88	12.53	11.48
营业总成本	19.87	12.64	11.39
投资收益	7.97	5.95	6.26
营业利润	8.87	5.76	6.34
投资收益占营业利润的比重	89.85%	103.30%	98.74%

然而,张江高科的投资收益成功抵消了主营业务收入下滑带来的对净利润的冲击。如无投资收益的"扳正",张江高科近年来的盈利将为负数,投资收益已成为张江高科营业利润的主要构成。

这是张江高科的商业模式从依靠园区载体销售,转向依靠物业租赁和产业投资的必然结果,张江高科已经完成从商业模式到公司气质的脱胎换骨。

* * * * * *

宋城演艺的模式证明，虽然稀缺资源的生意做不了，但可以做"蹭"稀缺资源流量的生意。

宋城演艺（300144）
蹭头部流量，做自己的演艺

在中国的旅游上市公司中，宋城演艺是一个"奇葩"。其市值领先，将标准化产品复制于全国，并且能做到高营收、高净利的回报。

这个结果取决于宋城演艺建立的独特商业模式："小型主题公园+现场演艺"。

宋城演艺的第一座主题公园位于杭州西湖景区旁，以《清明上河图》还原实景，并在园区内的剧场开展《宋城千古情》的现场演艺。

宋城演艺的商业模式具有"蹭流量"的属性，即在头部旅游景点旁建造主题公园，再通过与渠道方合作进行引流。虽然稀缺资源（景点）无法复制，但"蹭"稀缺资源流量的延伸业务（演艺）却可以复制。

宋城演艺证明：虽然景点无法复制，但"蹭"景点流量的演艺可以复制

	2014年	2015年	2016年	2017年	2018年
宋城杭州游客量（万人）	306	364	361	393	400
杭州游客量（万人）	10932	12382	14059	16286	18403
渗透率（%）	2.8	2.9	2.6	2.4	2.2
宋城三亚游客量（万人）	97	166	167	175	207
三亚过夜游客量（万人）	1398	1496	1652	1801	2076
渗透率（%）	6.9	11.1	10.1	9.5	10.0
宋城丽江游客量（万人）	43	87	223	144	151
丽江游客量（万人）	2556	2941	3404	3951	4524
渗透率（%）	1.7	2.9	6.5	3.7	3.3

比如，在三亚，宋城三亚的渗透率常年保持在10%左右。也就是说，大约每10个在三亚过夜的游客就有1个去了宋城三亚、观看了《三亚千古情》。

对旅行社而言，宋城提供了一个"景点旁的景点"，适宜游客集中，而且拥有较强的游客吞吐能力。旅行社从中能够赚取渠道费，管理难度也低，因此一般都乐意为宋城输送客源。

而为了持续绑定团客，宋城演艺为旅行社等渠道方支付了高昂的返点，平均200~300元的终端票价，在财报中实际不到100元。除此之外，宋城演艺还与当地酒店、茶楼等基层渠道达成合作，店内投放宣传册，达成销售协议，给予返点。

高昂的渠道费并没有影响宋城演艺的盈利能力。这是因为，宋城演艺不是靠稀缺景点、主题公园赚钱，而是靠标准化的演艺赚钱，而后者具有成本低、营收高的特点。

宋城演艺的创始人黄巧灵是军人出身，转业后长期从事文艺工作，在剧本创作和演出策划方面造诣极深。创始人的出身和工作经历，建立了宋城演艺在演艺方面的禀赋，节目的内容质量和舞美水平极高，在业内享有盛名。

关键是，在剔除渠道费的情况下，演艺业务的毛利是很高的，演1场和演10场的成本差距不大，只需要多付演职员工劳务费，而票价不变。而且，宋城的演艺节目基本都在室内进行，不受天气因素影响。凭借优秀的环节控制，一座宋城可以做到一天"翻台"18次，每次都有3500~4700名观众。

由财报可知，宋城演艺毛利率长年保持在60%以上，而迪士尼、环球影城等全球知名主题公园的毛利率只有40%左右。

手握"完美"的生意，宋城演艺从2010年起开始在全国复制"小型主题公园+现场演艺"的模式，这是一种重资产扩张模式。

重资产扩张模式，指宋城演艺以自有资金买地和施工建设主题公园，地方涉及三亚、丽江、九寨沟、桂林、西安等旅游景点。

重资产扩张模式使宋城演艺的资金压力一度较大，但与同业的主题公园相比又较低。

杭州宋城占地大约6万平方米，总投资5.5亿元。相比之下，上海迪士尼占地面积390万平方米，总投资为340亿元——在60多倍的投资差距下，杭州宋城的坪效可以做到上海迪士尼的6倍多。

宋城演艺的小型主题公园+现场演艺模式具有投资低、坪效高的特点

项目投资		投资额（亿元）	占地面积（万平方米）
北京环球影城		306	120
上海迪士尼		340	390
上海海昌海洋公园		50	21
桂林千古情		8	11
张家界千古情		6	11
坪效	收入（亿元）	面积（万平方米）	坪效（万元/平方米）
杭州宋城	7.68	6.00	1.28
三亚宋城	4.27	5.33	0.8
丽江宋城	2.67	9.33	0.29
上海迪士尼	82.60	390	0.21

数据来源：海通证券研究所

从2016年开始，宋城演艺开始由过去输出资本和管理的重资产模式，转向输出品牌和管理的轻资产模式。宋城演艺通过联手景区，依靠创意、管理、品牌优势，向合作方提供品牌授权、规划设计、导演编创、托管运营等服务。

在轻资产模式下，宋城演艺不出钱，只出人，解放自身资金压力的同时还能从中收取服务费或管理费。

比如，首个输出项目《宁乡炭河千古情》，宋城演艺可按景区经营收入的20%收取管理费。而在2018年，《宁乡炭河千古情》累计接待游客400万人次，营收超过1.6亿元，宋城演艺可从中抽取3000多万元的管理费。

2016—2018年，宋城演艺的设计策划费收入分别为1.23亿元、1.63亿元、1.26亿元，基本完成"自建+轻资产"两条腿走路的扩张模式。

需要注意的是，宋城演艺的演艺形式及其模式是可复制的，但主题公园和具体的演艺内容却是需要结合各地方特点的，属于非标准化产品。这使得宋城演艺的模式复制存在一定的风险，其在云南石林、泰山、武夷山景区的复制并不成功。

但是，轻资产模式显然转嫁了模式复制相当一部分的风险，宋城演艺借助杠杆加持或能成为另类的"中国迪士尼"。

* * * * *

销售的最高境界，是把客户做成了股东。

易居企业控股（2048.HK）
甲方变乙方，客户变股东

房地产市场形势波谲云诡，而与开发商荣辱与共的企业莫过于易居——中国最大的一手房代理商。

易居2007年在美国纳斯达克上市，2015年宣布私有化，2018年7月回归港交所，其近年来的营收始终保持两位数的增长。

业绩攀升，易居归因于市场的稳定发展、集团强大的股东基础、大客户战略和业务间的协同效应。其实，上述原因主要都在说一件事——易居把客户做成了股东。

易居与链家的区别是，易居主营业务是一手房代理，链家是二手房代理。2016—2018年，易居一手房代理业务收入占比为89.31%、84.76%、80%。

一手房代理，上游是房地产开发商。易居需要从开发商那里争取到房源，即代理销售权，体现在财报中就是已订约储备物业。

下游是新房购买者、劳务公司、营销公司等。易居负责把房子卖出去。

易居的营收来自开发商，具体计算公式就是：营收＝佣金率×已售物业平均价格×已售物业总面积。易居的佣金率一般在0.8%～0.9%。

显然，易居本质上是一家销售代理公司，在市场上拼的是销售团队的规模与素质。在港交所上市前夕，易居有2万多名员工，销售及营销人员占到88.9%，约有1.78万人，员工成本能占到营收的6成。

更早的时候，易居更多地使用了劳务公司来解决销售团队问题。具体到每个楼盘,就是房子卖完了遣散销售团队,有新盘开盘再委托劳务公司组织队伍。为了上市合规,易居大幅削减了劳务派遣人员的数量。

然而,在过去很长的时间里,中国的房子并不难卖。是自己组织销售,还是委托劳务公司组织销售,最后的结果都是一样的:房子卖完。

作为销售服务者,易居对开发商的话语权并不强:预收无、应收高

	截至12月31日(年度)		
	(人民币亿元,百分比除外)		
	2016年	2017年	2018年
营业收入	39.96	46.33	59.48
总资产	42.88	63.40	118.19
总负债	28.26	41.77	38.03
占款开发商的情况			
预收账款	—	—	—
预收账款占营收的比重	—	—	—
预收账款占负债的比重	—	—	—
被开发商占款的情况			
应收账款及票据	22.91	33.08	41.64
应收占营收的比重	57.33%	71.40%	70.01%
应收占资产的比重	53.43%	52.18%	35.23%

由易居的财报可知,易居的应收账款要比应付账款大得多。比如2018年年底,易居应收账款及票据达到41.64亿元,而应付账款及票据只有3.26亿元。这意味着,易居在下游不敢欠劳务公司等供应商的钱;在上游面对开发商,话语权低,账期偏长。

因此,这门生意的关键还在上游:想尽一切办法,从开发商那里拿到代理销售权,尤其是优质楼盘的代理销售权,同时尽快回笼资金。

易居最终把上游的客户、开发商做成了股东。

易居回港上市股东名单：客户+股东模式显著

	股东名单
2016年8月引入	恒大地产集团、万科集团、星河湾、富力地产、融创中国、雅居乐、旭辉集团、阳光城、建业住宅集团、复地集团、宝龙地产、正荣集团、融信集团、泰禾集团、景瑞地产、正商地产、福晟集团、三盛地产和云锋基金、纪源资本、磐石资本
2017年年底引入	碧桂园、中骏地产、祥生地产、新力地产、俊发地产、中南置地

在宣布私有化后，2016年8月，易居引入万科、恒大、融创等多家房企入股。2017年，又引入碧桂园等房企股东。

至此，碧桂园、恒大、万科三大"宇宙房企"均成为易居的"客户+股东"。而易居所有股东中，囊括了26家百强房企。

客户做成了股东，将形成深度捆绑。对易居而言，获得代理销售权的难度降低了，为此付出的销售费用下降了。对入股的开发商而言，一部分销售费用变成了其投资企业的营收。

2015年，碧桂园曾中断与易居的代理合作。然而，在成为股东后，碧桂园又开始与易居合作，2018年上半年付给易居的代理费为1244万元。

易居的第一大客户是恒大，2018年上半年恒大支付给易居的代理费为6.699亿元。

与客户形成股东捆绑关系的弊端是关联交易。易居规避风险的措施是，披露与主要房企股东的关联交易数额，并订立全年最高交易额。

比如，2018—2020年，易居与恒大的交易额被限制在19亿元、22.8亿元、27.36亿元以内。

2018年7月20日，易居在港交所敲钟，陪同创始人周忻一起敲钟的，还有一众开发商高管。其中，恒大地产总裁夏海钧专门于当天凌晨从美国赶回来捧场，仪式结束后又匆忙赶回美国。

此情此景，周忻非常感动，做客户把客户做成这样，也无愧销售之王的称号。

事实上，"客户—股东"模式，对非上市企业同样有效，尤其可以运用于招商环节。

企业可在代理商中，遴选出业绩最好的代理商，与其成立合资公司：代理商做法人，持股49%，企业持股51%。这样，合资公司的利润可并入母公司，代理商变成了合伙人，形成深度捆绑。

而要劝说代理商成为合伙人，关键在于，企业要向代理商承诺，在母公司IPO前，以营业额、净利润、增长率、市占率等指标评估合资公司的估值，然后以一部分现金、一部分母公司股份的形式进行内部收购。

如此一来，代理商既实现变现，又持有了母公司IPO前的原始股，待上市解禁后又能实施第二次变现。

当然，对易居而言，客户股东变现走人，将是最大的悲剧。

* * * * * *

一体化自营、公司＋农户、杠杆养猪、混合养猪模式的比较。

牧原股份（002714）
温氏股份（300498）
雏鹰农牧（已退市）
新希望（000876）
中国上市公司的养猪模式

2019年非洲猪瘟爆发，猪肉价格暴涨，与之相关的上市公司悲喜交加，境遇各不相同。

养猪业，作为中国最重要的民生行业之一，其商业模式正经历市场最犀利的考验。

牧原股份：重资产养猪模式（一体化自营模式）

牧原股份是中国养猪行业重资产模式的代表，采用"一体化自营模式"，在饲料加工、生猪育种、商品猪饲养等方面做了全产业链布局。

图解牧原股份"一体化自营模式"

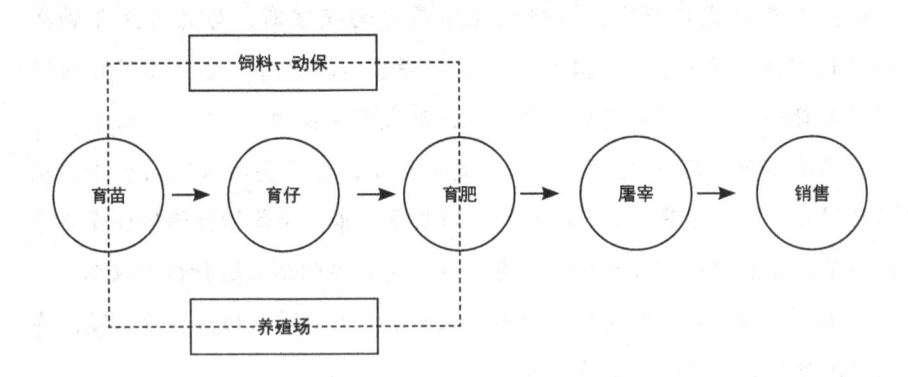

```
                    ┌─── 饲料、动保 ───┐
                    │                    │
   育苗 → 育仔 → 育肥 → 屠宰 → 销售
                    │                    │
                    └───── 养殖场 ──────┘
```

牧原股份的商业模式可以类比顺丰快递，直营管理、自营管理，上下游通吃，属于典型的重资产运营模式。

重资产运营模式的缺点，就是初期的资金需求量大，发展慢。万达集团的王健林就曾主张投资养猪业，建设一座年出栏10万头猪的养殖场。结果万达的团队调研发现，初始资金投入就需要数亿元，还不包括饲料、人工等投入，遂放弃投资。

但是，重资产运营模式到中后期的优势非常明显。

首先，技术与运营效率持续改善，规模化养殖的成本优势开始显现。在牧原股份，养猪场配备自动的送水、送食，以及气温、湿度调节，平均一个工人可以照料3000头猪。

其次，牧原股份能够做到高质量的生猪出栏，每一批生猪保持基本相同的体重和瘦肉率，质量完全可控，价格自然可以卖得更高。

最后，重资产运营模式对疫情防控也是最有利的。在一体化标准养殖体系下，即便某一猪棚出现猪瘟，也能被立即隔离，不影响其他猪棚。

综合下来，重资产运营模式的优势，体现在财报中即毛利率更高。

当然，重资产运营模式势必会增加费用。比如，牧原股份需要更多的养殖员工，这部分费用会计入管理费用。

在一般情况下，资本市场对重资产运营的养猪模式估值更高。牧原股份的市值在1500亿元左右，按2018年生猪出栏量计算，每头猪折合13500元；而执行轻资产模式的温氏股份，市值在2000亿元左右，按

2018年生猪出栏量计算，每头猪折合9000元。

在正常年景，牧原股份的毛利率比温氏股份更高

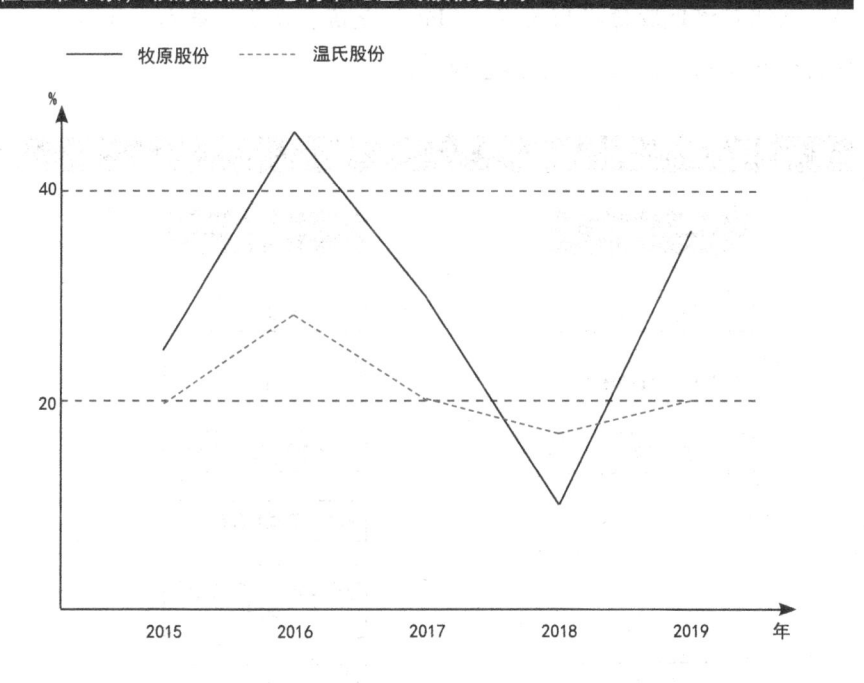

2018年，牧原股份生猪出栏量达1101万头，成为继温氏股份后第2个"千万头生猪出栏大王"。但是，考虑到重资产模式的投资较重，其出栏量在中短期超过温氏股份仍有难度。

温氏股份：公司+农户的轻资产模式

温氏股份被称作"养猪第一股"，其市值最高，生猪出栏量最大，是养猪行业内的龙头企业。

其中，温氏股份的公司+农户的轻资产模式起到了关键作用。

公司+农户模式，把养猪这件事拆分为两个部分。

第一个部分，是饲料加工、生猪育种、种猪扩繁、兽医兽药等工作，属于技术密集型工作，需要专业化的运维和管理。

第二个部分，是养殖场建设、生猪育肥等工作，属于日常性、固定资产投资较大的工作。

公司+农户模式，就是让温氏股份承担第一部分，同时通过招商招揽到合作农户，由合作的农户承担第二部分工作。

也就是温氏股份提供猪仔、饲料、疫苗、设备和技术，合作农户自建猪棚及育肥，温氏股份包销包购。

图解温氏股份的公司+农户模式

合作农户	温氏股份
咨询、洽谈	考察评估
申请开户，缴纳保证金	建档开户
建设养猪场	指导建设标准化养猪场
	双方签订委托养殖合同
	开具领苗、领料、领药等单据
凭单据领取猪苗、饲料和兽药等	种猪场、饲料厂、服务部备货
按作业指导书规范养殖	提供技术指导，做好监督
肉猪达到上市天龄，进行交付	组织统一销售
若继续合作需要签订第二批委托养殖合同	双方结算养殖收益

公司+农户模式相当于把固定资产投资、日常人工养殖的部分外包，因此具备三个优势。

第一，农户成为温氏股份的养猪代工厂、加盟商，助其迅速扩大规模，这也是温氏股份能出栏2200万头生猪的最重要原因。

第二，温氏股份向农户承诺包销包购，使农户规避了生猪周期价格风险。同时，农户养猪由温氏股份垫钱购买相关物料，农户养猪成本负担减轻，可以养更多的猪。

第三，在2200万头生猪的出栏规模下，温氏股份对产业链上下游都有了强大的话语权。

以四川省仪陇县温氏股份的合作农户为例：农户自建500头规模的养猪场，圈舍投入32万元，每头生猪养殖成本1500元，合计107万元。与温氏股份合作后，圈舍可获得政府与温氏股份的补贴，自投只需要19.8万元，同时农户没有养殖成本，只需要向温氏股份交纳每头生猪100元的保证金（只记账），总投入24.2万元，相当于自养成本的22.6%，优势明显。

当然，公司+农户模式的缺点也是显而易见的——农户仍然是散养状态，规模化养殖的程度有限。同时，育肥阶段外包，这部分的不可控性显著，容易发生一些食品安全问题。

在公司+农户模式下，温氏股份的成本结构中有一项特别的支出，即支付给农户的委托养殖费用，2018年这笔费用占营业成本的17.7%，约为49.24亿元。这笔费用也是导致其毛利率低于牧原股份的原因之一。

相比牧原股份，温氏股份的成本结构中多了一项委托养殖费用

温氏股份养猪业务

	截至2018年12月31日（年度）	
	金额	占营业成本的比重
	（人民币亿元，百分比除外）	
营业成本	278.18	——
饲料原料	171.97	61.82%
委托养殖费用	49.24	17.70%
药物及疫苗	14.74	5.30%
职工薪酬	19.22	6.91%
固定资产折旧及摊销	8.04	2.89%
其他	14.97	5.38%

牧原股份养猪业务

	截至 2018 年 12 月 31 日（年度）	
	金额	占营业成本的比重
	（人民币亿元，百分比除外）	
营业成本	119.58	——
原材料	72.65	58.14%
折旧	10.23	8.55%
职工薪酬	7.49	6.26%
药品及疫苗	11.72	9.80%
其他	17.49	14.63%

轻资产模式，使温氏股份的生猪出栏量领先，市值更大，但也需要付出毛利率更低、食品安全管控较难等代价，这是所有轻资产模式的阿克琉斯之踵。

雏鹰农牧：公司+合作方+农户的轻资产模式

雏鹰农牧的模式同样是一种轻资产模式，将固定资产投入和日常人工育肥外包，但它又是温氏股份模式的延伸，在公司和农户之间引入了合作方。

温氏股份的农户加盟，其特点是扩张快。但即便是有政府补贴和金融支持，农户自建养猪场也是一笔不小的投入，排除了一部分资金量有限的农户。

雏鹰农牧注意到了这个问题，创新性地把加盟者分成两类。

一类是有资金，但不想出力的。

一类是想出力，但缺少资金的。

雏鹰农牧引入的合作方就是来替农户出建养猪场的钱，承担固定资产投资这一块。

"公司+合作方+农户"，在这样的三角关系里：雏鹰农牧负责管理养猪场、办理牌照和手续、支付代养费用；合作方负责建设养猪场、设备投资、协调农户；农户负责育肥、养猪，从中赚取代养费。

此外，合作方出钱，除了赚分红，还能赚取养猪场转让收益。

图解雏鹰农牧"公司+合作方+农户"模式

合作投资方	雏鹰农牧	合作农户
建设养猪场	管理养猪场	育肥
设备投资	办理牌照手续	栏间管理
协调农户	支付代养费	赚取代养费

显然，雏鹰农牧模式里的合作方，不像加盟商而更像投资者。雏鹰农牧模式，融资属性大于招商属性，金融属性大于经营属性，是典型的"杠杆养猪"。

而雏鹰农物作为"公司+合作方+农户"模式的裁判员，可以自己先把养猪场建起来，再转让给合作方。仅2015—2016年，雏鹰农牧转让养猪场的收入就超过17亿元。

这样，就诞生了一种全新的盈利模式：猪周期下行时囤养猪场，猪周期上行时卖养猪场，这是把养猪场当做房地产来经营。

显然，雏鹰农牧的模式是一种考虑更为全面的商业模式。但是，由于雏鹰农牧近年来实施不恰当的多元化发展，导致上市公司出现严重的现金流问题，股价暴跌，连续20个交易日收盘价不足1元/股，雏鹰农牧终于在2019年年底黯然退市。

不过，雏鹰农牧模式的"变种"仍在上市公司中延续，而其执行者就是刘永好所执掌的新希望。

新希望：混合养猪模式

新希望的混合养猪模式是一种轻、重资产模式混合的养猪模式。具体而言，新希望采用25%企业一体化自养，75%"公司+农户"合作养殖的模式。

一体化自养指商品猪育肥由公司自主经营，合作养殖模式则由企业向农户提供或出售商品仔猪，由农户育肥。

其中，"公司+农户"的合作养殖模式就是雏鹰农牧模式的延续。

在"公司+农户"模式下,新希望针对规模猪场、中小型猪场、家庭农场、散户猪场分别设计了不同的合作发展模式。

首先,针对规模猪场,在局部区域形成数个种猪繁育场和多个商品猪育肥场的聚集,即聚落猪场,单个聚落猪场年出栏生猪30万~100万头。合作伙伴投入建设资金,解决土地、猪场办理手续,新希望则负责猪场标准化建设,并提供融资、免费猪仔、饲料和技术支持。实现选种—育肥—屠宰加工—终端消费的全产业链经营。

其次,针对中小型猪场,推出"新道路模式"——不改变其所有权,为其提供管理服务;对于家庭农场,推出"新六模式"——新希望提供猪苗,交由家庭农场代养;针对散户猪场,通过技术服务,促使其向新道路或新六模式转变。

企业、家庭农场和农村合作经济组织,三方联动,新希望形成了一个崭新的模式。同时,作为全国最大的饲料生产企业,饲料销售全国第一,在饲料成本上新希望与其他养猪企业相比,具有绝对优势。

养猪赛道,具有万亿级市场规模,入局者众多,但市场集中度仍然很低。2018年,全国9大养猪上市公司的市场份额占6.45%,市值分列一二位的温氏股份和牧原股份,也仅占3%和1%。在市场落后产能(散户猪场)逐步被淘汰,市场集中度不断提高的成长逻辑下,随着生猪出栏量的提升,头部企业未来的发展空间巨大。

※ ※ ※ ※ ※ ※

平台的意义在于创造价值,豆盟科技帮助媒体与广告主合作,成为不可或缺的第三极。

豆盟科技(1917.HK)
技术扶"贫",上游付费

以"互动广告第一成长股"的角色,豆盟科技2019年3月于港交所主板IPO,此时距离其成立仅仅6年时间。

迅速获得成功，源于豆盟科技找准了自己在移动互联网时代的商业模式：做独立于广告主与媒体的"第三极力量"。

豆盟科技成立的2013年，正是移动互联网爆发元年，以微信公众平台为代表的新媒体力量迅速席卷传媒行业，各类App如雨后春笋般滋生发芽。

广告业由此发生了颠覆式的变化。

一方面，传媒数量激增，使得广告主的集中投放难以见效，更需要分散性的精准投放。而广告主、传统广告代理公司并不掌握移动互联网的流量数据，难以做到有的放矢的投放。

另一方面，传媒介质突变，媒体缺乏可靠技术以承接各类新媒体广告形式。尤其是广大新媒体中小创业者，他们在对接广告主渠道方面缺乏议价能力，流量难以变现。

此时，对技术出身的豆盟科技团队而言，传统模式有两种做法。

一是把广告主当客户，自己做媒体，为广告主服务。

该种模式并不具有流量基础，需要漫长的初创期，而且风险较高，失败的可能性很大。

二是把媒体当客户，帮助媒体处理来自广告主的需求。

该种模式实际上就是做SaaS，现金流是从广告主到媒体再到豆盟科技，账期较长，而且由于是点对点的交易，议价能力不强。

豆盟科技的团队两种做法都没有选择，而是选择了第三种做法：为广大媒体提供技术服务，并且帮助媒体对接广告主。

豆盟科技开发SDK（软件开发工具包）平台，媒体自行下载和安装SDK，由此实现新媒体形式的广告呈现，如横幅广告、插屏广告、信息流广告、开屏广告等。

也就是说，对接、入驻豆盟科技的互动广告平台后，中小新媒体创业者不再需要设立广告技术部门和广告商务部门。豆盟科技相当于"云运营部"，自动获取了合作媒体的流量，而媒体则实现了"技术+商务外包"。

同时，豆盟科技连接广告主、广告代理公司，通过AI算法帮助广告主实现精准投放。比如，豆盟科技的128用户画像引擎，能够识别访客是否为商务旅客，并向其投放有关酒店及机票预订的App广告，有利于提高点击率及转化率。

尤其是与广告代理公司的对接，有利于豆盟科技对接更多行业、更多类型的广告主。同时，相较直接对接广告主，账期更具有优势，应收账款规模较小。

豆盟科技的商业模式就是：赋能媒体，找广告主收钱，最后与媒体分成

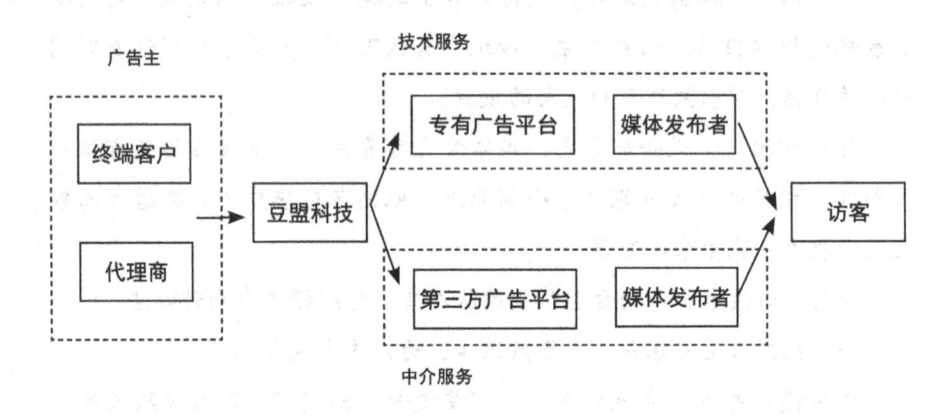

```
         广告主              技术服务
    ┌─────────────┐   ┌──────────────────────────┐
    │   终端客户   │   │ 专有广告平台  媒体发布者  │
    │             │──▶│                          │──▶ 访客
    │   代理商     │   │ 第三方广告平台 媒体发布者 │
    └─────────────┘   └──────────────────────────┘
                           豆盟科技
                            中介服务
```

上游连接广告需求方，下游连接媒体发布方，豆盟科技居于其间，承担第三方的平台角色。这一模式某些方面与淘宝模式相近：为中小商户服务，为他们提供流量变现。而目前的中小新媒体创业者恰似中小商户的翻版，豆盟科技为他们开店（设计广告位）、引流（流量变现）。

但是，与淘宝模式不同，豆盟科技的收入不是来自媒体入驻者，而是来自媒体入驻者的广告主客户，豆盟科技与媒体入驻者共享广告收益，是一种靠"帮媒体赚钱而获得分成"的生意。因此，豆盟科技具有向中小新媒体创业者"赋能"的属性，通过技术外包服务"让天下没有难做的媒体变现"。

招股说明书显示，豆盟科技设计了一套较为公平、清晰的后台结算系统。豆盟科技把收入的70%~80%都支付给媒体发布者作为广告收益分成，同时媒体发布者可通过后台清晰审阅结算数据，可实现"一天内完成审核、次月第一日发起结算"。同时，豆盟科技设计研发了一套反作弊系统，通过算法过滤无效展示和点击，从而提升了广告投放效果，保证了收益分成公平。

豆盟科技把大部分广告收入分给媒体发布者，其毛利比一般广告公司更低

	截至12月31日（年度）		
	2016年	2017年	2018年
	（人民币亿元，百分比除外）		
营业收入	2.00	2.23	3.53
毛利	0.4341	0.4994	0.8358
毛利率	21.71%	22.39%	23.68%

更倾向于媒体发布者的收益分成机制，从豆盟科技毛利率数据可见一斑。2017—2018年，豆盟科技毛利率分别为22.39%、23.68%，而同业公司毛利率高达50%，甚至60%以上。

把平台使命定义为"帮助媒体发布者实现高效率的变现"，豆盟科技首先要克制自己赚钱的欲望，全力赋能平台的合作伙伴使其价值最大化，最后——分粥的人理应拿最后剩下的那一碗粥。这其实也是豆盟科技商业模式的成立基础：为相对弱势的中小新媒体创业群体匹配应有的价值。

只要持续创造价值，豆盟科技"分粥"的逻辑就会一直存在。

＊＊＊＊＊＊

商业模式的成立需要掌控核心资源。跟谁学的探索表明，优秀师资可控，则平台盈利可控。

跟谁学（GSX.US）
从O2O倒向B2C，模式有用才是王道

"三大教育新贵"跟谁学、51talk和网易有道，目前只有跟谁学持续盈利。

自2014年成立以来，跟谁学历经数次商业模式变迁，其发展之路最为特殊。

在线教育行业商业模式赛道的划分

按课程类别划分	上课模式	授课模式
启蒙英语 K12教育 大学教育 职场教育 兴趣爱好 商学院	直播 录播	按人数划分： 在线一对一 小班模式 大班模式 按师资配比划分： 直播+辅导双师制 主讲+辅导老师+AI老师

跟谁学成立之初，定位为O2O教育平台。商业模式是在线上吸引优秀老师入驻，学生线上选择老师后，线下实现辅导学习。

和很多O2O企业一样，跟谁学投入血本参与补贴竞争。但是用户始终找不到一个"非你不可"的理由，一旦补贴暂停，优秀的老师就会退出选择其他平台。

意识到问题后，2016年，跟谁学在保留O2O商业模式的基础上，添加了一系列2B的教育工具，向老师端"赋能"，以期吸引优秀老师入驻。

但是，向2B发展一度导致跟谁学业务扩张失去节制，2B和2C产品主次不分，现金流也开始吃紧。

2016年年底，跟谁学再次做出调整，把2B业务的一部分关掉，一部分分拆为独立公司，精简后聚焦C端业务。

2017年7月，跟谁学继续将业务精简化，并做出了颠覆性的决策：从O2O+2B赋能，正式转型为B2C的在线教育直播课平台。

相较O2O模式，B2C模式更重，而且当时也并不是教育创业圈里更受资本青睐的模式。但是，B2C对教育行业而言可能是更"正确"的商业模式。

这是因为：

第一，O2O模式能连接更多资源，但师资于平台并不可控，需要用补贴维系。而在B2C模式下，平台与师资是雇佣关系，师资可控，教学质量可以维系。

第二，O2O模式的盈利方式，是向平台上的老师、机构收取会员费、流量费，可以很轻松地做到几亿元的流水，但是公司是赔钱的（补贴和用户损失造成的）；而转型为B2C模式，向学生收费，直接用品质竞争，客户群体更集中，交费的学生积少成多，营收与利润更高。

受补贴影响，O2O模式吃掉了毛利润，盈利能力明显不如B2C模式

	截至12月31日（年度）	
	2018年，B2C模式	2017年，O2O模式
	（人民币万元）	
营业收入	39700	9758
营业毛利润	25500	7255.70
市场、销售和管理费用	16100	11300
净利润	1965	-8695.5

转型为B2C模式的效果是立竿见影的，在2017年9月跟谁学便实现了单月盈利。2018年，跟谁学宣布"ALL IN K12"，彻底下注于B2C的"在线直播大班课"模式。

大班课具有边际成本上的优势。在线直播教学，面向1个人直播，和面向100个人直播的成本几乎一样，而且大班课模式利润更高，也更容易形成口碑。

在实际操作中，跟谁学推出"双师制"，即借助一名明星直播老师带来流量和课程报名，再配备数名辅导老师在课后提升学员的学习质量，从而提升整体的授课效率和高交付。

在解决了主营业务的商业模式问题后，跟谁学开始处理2B业务与主营业务的关系。

跟谁学并未完全砍掉原来的2B业务，其中的一部分业务也向B2C转型，包括高途课堂、成蹊商学院、金囿学堂、微师、babyABC等，其他的继续做2B，包括天校、百家云、U盟分销等。

这些业务存在的战略意义，是在跟谁学的外围，形成一个"万能的跟谁学生态"。

在这个生态里，跟谁学通过向B端提供赋能工具，进一步激发部分中小机构想要将课程内容曝光的需求，进而将部分流量导入C端产品线；

通过向C端提供内容平台，部分有势能的老师和中小机构想要进一步构建品牌影响力，就激发他们使用工具提高效率的需求，进而将部分流量导入B端产品线。

值得一提的是，跟谁学旗下八个主体公司共有97个认证公众号，预估活跃粉丝有850多万，实际总量远不止如此。同时，专职做用户增长的员工截至2019年一季度接近300名。

如果默认所有跟谁学的用户都关注了其旗下的公众号，粗略按照850多万粉丝估算，跟谁学的付费转化率可以接近10%，非常可观。通过各种"安利"手段，包括公众号推送、主题群推送、真人个人号点对点推送、虚拟个人号朋友圈推送，跟谁学活用互联网漏斗，一步一步地推动潜在用户达成付款。

教育平台的基础运营成本很高，但是当各种各样的好老师和好课程都聚集到平台上，就会分摊平台的基础运营成本。同时，每个类别的课程相互导流量，可以形成平台的"流量地图"。比如，K12用户学完小学语文还可以学吉他演奏。由此，跟谁学把教育本身的低频重决策，变成高频轻决策。

跟谁学的探索，说明了一个道理，别人都做的商业模式不一定是正确的或适合自己的，关键是商业模式"有用"，才能够获得真正的盈利。

* * * * * *

京东、美团获得了成功，拼多多反向复制一遍也能获得成功。

拼多多（PDD.US）
反向复制，挟用户以令上游

拼多多制造了电商行业的奇迹。成交总额从0元到1000亿元，京东用了10年，淘宝用了5年，拼多多只用了两年零三个月。

奇迹的达成，源于拼多多以京东、美团为参照物的反向复制。

拼多多的本质是电商，细分领域为团购，但是又与京东、美团等友商不同。

京东的电商，由自营或B端商家提供货源，是传统零售的线上延伸。

美团的团购，发起点是B端，指定商品和价格，向C端发起团购。

拼多多的团购则是反向的：B端商家提供两种价格体系，零售价和拼团价，C端用户发起团购，当拼团人数达成时就能以拼团价购买商品。

总结上述过程，京东、美团是B2C，拼多多则是C2B或C2M。

商业模式的反向复制，至少能为拼多多带来三大优势。

第一，C2B为拼多多的团购业务赋予了体验感、游戏感、互动感，也即具有了社交属性，这为其带来估值上的想象力。

在拼多多崛起的2016—2017年，整个市场都鲜见采取类似模式的其他平台，美团、京东并未全力跟随，这使得拼多多获得了难得的战略发展期，得到大量的融资。

第二，反向复制使拼多多通过掌握C端，更好地面向B端获取议价权。

拼多多的交易流程可拆解为3步。

拼多多应付商家款的规模远大于应收账款，形成潜在的占用资金池

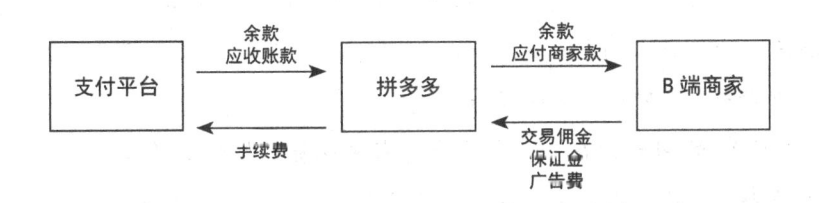

```
支付平台  ──余款应收账款──→  拼多多  ──余款应付商家款──→  B端商家
         ←──手续费──              ←──交易佣金/保证金/广告费──
```

第1步，C端用户单一或拼团购买B端商家的商品，C端用户向支付平台如微信、支付宝打款。

第2步，C端用户确认收货后，支付平台扣除支付手续费，将剩余货款打给拼多多。

第1步和第2步，产生了一项评估议价权的重要数据：支付平台流向拼多多的应收账款。

2016—2018年，拼多多应收账款为1028万元、8817.30万元、2.48亿元。

第3步，拼多多扣除交易佣金后，将剩余货款打给B端。

第3步产生了另一项评估议价权的重要数据：拼多多流向B端的应付商家款。

2016—2018年，拼多多应付商家款为11.17亿元、98.39亿元、172.76亿元，占营收的比重为221%、564%、132%。

显然，相比应付账款，拼多多的应付商家款的规模要大得多。这说明，拼多多与上游支付平台保持了较为和顺的关系，对商家则处于强势地位，能够大规模占款。

这也充分验证了日本管理学大师大前研一先生的商业模式预言：掌握客户者胜。

第三，反向复制的交易效率更高。

下面，我们以农产品的交易模式进行举例。

传统的农产品交易模式就是C2B2B2C。由经纪人到农村收货，再由经销商转手到大型农贸批发市场，继而流入商超和水果店，最后到达普通消费者手中。

C2B2B2C流通环节冗长且低效，各级批发商层层倒手、加价，导致到达消费者手中的价格高昂。

2017—2018年，在电商公司的加入下，农产品的交易模式演化为C2B2C。由电商公司统一采购入仓，再进行分拣、品控、配送，最终到达消费者手中，即一对多的交易。

C2B2C的问题就在于，电商公司需要耗费大量的履约成本，要么是没有足够多的经纪人收货，要么是没有足够多的精力做品控。

在农产品的交易中，拼多多的C2B模式其实就是原产地直发模式。入驻拼多多平台后，由农户直接把货卖给消费者，可以理解成点对点的交易。除了物流、包装等成本，中间所有的利润都归属农户自己。

分散的农户借助拼多多的平台自产自销，根本不需要额外的分拣成本。

这又验证了大前研一先生的另一则商业模式预言：不负担成本。

在C2B的反向复制模式下，拼多多建立了三大盈利模式。

其一是B端保证金。商家入驻拼多多需要缴纳保证金，离开时才能申请退还。这部分资金虽然是负债，却构筑了拼多多染指金融业务的基础，其规模在2018年年底已达到41.88亿元。

以农产品交易举例，拼多多的C2B模式效率更高

C2B2B2C 模式

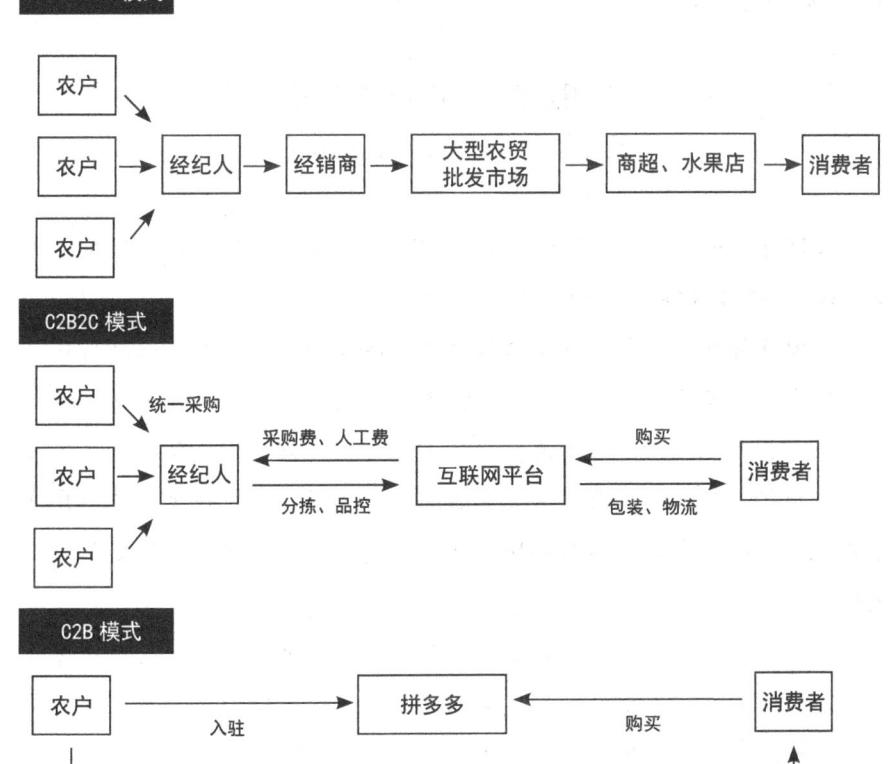

农户 / 农户 / 农户 → 经纪人 → 经销商 → 大型农贸批发市场 → 商超、水果店 → 消费者

C2B2C 模式

农户 / 农户 / 农户 →（统一采购）经纪人 ⇄（采购费、人工费 / 分拣、品控）互联网平台 ⇄（购买 / 包装、物流）消费者

C2B 模式

农户 →（入驻）拼多多 ←（购买）消费者；分拣、包装、物流

其二是交易佣金。拼多多向商家收取一定比例的交易佣金。

最后是在线广告费，拼多多面向B端商家提供竞价排名。

拼多多在线广告业务实施"预收模式"，即商家先向拼多多预支一笔费用，形成拼多多账面上的"预收账款"，产生点击后再兑现为拼多多的收入。

在线广告费的预收模式，无疑又构成了一笔拼多多面向B端商家的占款，凸显其对商家的强势。

挟用户以令上游,这是拼多多带来的启示。

* * * * * *

Food+Platform,美团点评以高频业务不断拓展非标业务边界,其对阿里巴巴威胁越大估值越高。

美团点评(3690.HK)
无限边界,S2B2C生态赋能

2018年9月,美团点评于港交所IPO,三个季度后市值超过百度,宣告"BAT"时代结束,"ATM"时代开启。

美团点评的商业模式不是某项具体或抽象的业务,而是围绕用户习惯与用户价值搭建起来的O2O服务生态。

正如美团点评的发展历史,从团购到外卖,到电影、到酒店、到旅游、到出行,串联起所有具有关联性的用户场景,不断强化满足用户需求的能力,美团点评成为生活服务领域的超级入口,建立起绵延而又坚固的"城墙"。

以"生态"为商业模式的企业众多,但做到像美团点评这样体量的不多。理解美团点评的"生态",要有三个方面的认知。

第一,高频带动低频。

美团点评不同的业务板块拥有不同的消费频次。其中,外卖业务属于"日"频业务,是频次最高的业务。在美团点评的O2O服务生态中,外卖业务是入口,是其他一切业务的流量基础。

所谓"Food+Platform","Food"为生态的地基,其本质就是生态中所有用户的获取和黏性都能够由"日"频业务完成。在此基础上,高频再带动低频——到店属于"周"频业务或"月"频业务,酒店和旅游业务属于"季"频业务或"年"频业务。

事实上,高频业务不但为整个生态带来用户和流量,也带来融资。美团点评公司史上数轮融资的数据基础都来自外卖业务的庞大体量。

没有能够成为入口的高频业务，生态模式犹如无根的大树难以支撑。美团点评一直在强化、扩大"日"频业务，比如开展网约车、买菜、闪购等"日"频业务，让用户每日使用美团点评，形成生活习惯。

美团点评以高频业务为起点，不断拓宽业务边界

年份	业务
2010	团购
2012	猫眼电影
2013	外卖
2014	景点门票
2015	机票、火车票、酒店
2016	快驴、聚合支付
2017	打车、小象生鲜、云端ERP
2018	超市生鲜、摩拜单车、民宿
2019	美团买菜

截至2018年12月31日（年度）

	餐饮外卖	酒店及旅游	新业务及其他
	（人民币亿元，百分比除外）		
总收入	381.43	158.40	112.44
销售成本	328.75	17.45	155.02
毛利	52.68	140.95	-42.59
毛利率	13.80%	89.00%	-37.90%

第二，入口业务牺牲毛利。

作为高频的入口业务，美团点评的外卖业务营收最大、毛利最低；相反，到店、酒旅等更低频次的业务营收占比较小、毛利较高。

这与小米集团的情况相似，作为入口的手机业务营收最大、毛利最低，IoT和增值服务为小米贡献了绝大部分的利润。

骑手是外卖业务的最大成本。2018年，美团点评餐饮外卖业务营收为381.43亿元，销售成本为328.75亿元，其中骑手的成本就达到305.16亿元，占销售成本的92.82%。

在骑手方面，美团点评主要采取的是众包管理模式，即企业把工作任务以自由资源的形式外包给非特定大众。采用众包管理模式，带来的直接影响是美团点评无需负担底薪和交通工具。

美团的骑手成本占外卖营收的比重正在逐年下降，2018年占80%，2019年Q1占79%，2019年Q2占72%……这反映了一定的规模效应。配送网络的边际投入是一个减函数，客户群越大、优质商家越多、订单数越多，其边际投入越少——这是一个重要的信号，如果边际投入下降趋势不明显，则可能说明业务不具备盈利前景。

第三，美团点评与阿里巴巴的商业模式既相似又有不同。

美团点评与阿里巴巴的商业模式都可以理解为S2B2C，即美团点评和阿里巴巴作为平台，为B端赋能。

不同的方面体现为两点。

第一，美团点评的服务赋能更"重"，其搭建了完整的服务交付体系和以外卖业务为核心的配送体系。阿里巴巴的服务赋能更"轻"，其未搭建完整的配送体系，而是以支付宝为核心搭建了线上的支付体系。

第二，美团点评整合的服务更具非标化，阿里巴巴整合的服务更具标准化。由此，美团点评的赋能体系倾向于自营或控制，阿里巴巴的赋能体系倾向于开放、非控制。

在互联网行业，阿里巴巴相当于"地产商"，通过为更多的商家提供租赁服务来实现商业价值。美团点评则是一个"服务性企业"，帮助商家更好地完成交付，是一个服务整合平台。

对阿里巴巴而言，美团点评的威胁性在于，其针对非标化服务体系的赋能平台一旦成功，就有可能以某一个高频业务板块为入口，侵入标准化产品和服务的电商领域，进而对阿里巴巴的领域产生实质上的冲击。

因此，阿里巴巴把美团点评视为远超京东的"头号对手"，搭建了口碑和饿了么组成的生活服务平台直接对抗美团点评。

对阿里巴巴的威胁越大，美团点评的估值越高。截至2020年3月，美团点评市值逾4000亿元，约为阿里巴巴的1/10。

试问，若以阿里巴巴为锚，美团点评的潜力有几许？

除了自营和直营，美团点评还通过投资实现了赋能平台的扩张

领域	公司	轮次	总投资金额	年份
本地生活	幸福西饼	A轮	9500万元	2017
	康品汇	A轮	数千万元	2017
	大家来	A轮	1亿元以上	2017
	猩便利	天使轮	1亿元	2017
	亚食联	战略投资	数亿元	2016
	天子星	B轮	——	2016
	爱鲜蜂	D轮	——	2016
	美甲帮	B轮	千万美元	2016
	猫眼电影	A轮	数亿元	2016
	幻熊科技	A轮	——	2016
	美菜网	C轮	数千万元	2015
	宅来	B轮	3500万美元	2015
	同达快递	A轮	数千万元	2015
	番茄来了	A轮	数千万元	2015
	遥遥排队	并购	数千万元	2015
	小博无线	A轮	数千万元	2014
企业服务	别样红PNS	并购	——	2018
	屏芯科技	并购	——	2018
	奥琦玮	C轮	2亿元	2018
	智慧图	战略投资	——	2017
	小打卡	种子轮	——	2017
交通出行	摩拜单车	并购	27亿美元	2018
	Go-Jek	战略投资	15亿美元	2018
	Swiggy	F轮	2亿美元	2018
	必去科技	A轮	——	2017
	START	A轮	1000万元	2014
	餐饮老板内参	A轮	5000万元	2016
文娱	光线传媒	——	——	2016
	新经济100人	天使轮	400万元	2016
金融支付	水滴互助	A轮	1.6亿元	2017
	亿联银行	战略投资	——	2017
电子商务	网易未央	A轮	1.6亿元	2017
	易酒批	C轮	1亿美元	2016

* * * * * *

在前一个时代"吃瘪",在后一个时代借助免费模式直接崛起。

金山办公(688111)
弯道超车,免费模式

2019年年底,金山办公于科创板IPO,市值很快突破1000亿元。

金山办公是中国香港上市公司金山软件的控股子公司,隶属"雷军系",主营产品为WPS办公软件和金山词霸,其中又以WPS为核心产品。

WPS成名已久,开发于DOS时代,1994年以前在PC端市占率曾高达90%以上,是国内办公软件的龙头产品。

但是,在1994年微软入华后,微软开发的Office办公软件借助Windows系统预装的优势,迅速抢占市场,直接就把WPS"打"成PC端的小众软件。

这场败局曾让雷军反思多年,后来他总结认为,互联网以掌握流量入口为优先战略,而PC时代的流量入口就是操作系统、门户网站和搜索引擎。多年后,进入移动互联网时代,雷军选择押注小米手机,因为智能手机可视作新的流量入口。

WPS并未被打垮。

在移动互联网时代,流量入口变成操作系统、应用商店和超级App,其中安卓操作系统属于开源系统,而微软在移动互联网初期几乎没有任何布局。这些都为WPS提供了弯道超车的机会。2011年,WPS率先推出安卓版,而后又覆盖iOS,从PC端转战移动端,而Office直到2014年才开始布局移动端。

赛道突然转换,WPS实现了在移动端的崛起。据艾瑞的统计,WPS在国内移动端占据了90%以上的市场份额。金山办公在其招股说明书中也指出,其月度活跃用户数(MAU)超过3.1亿。

事实上,金山办公的商业模式"免费模式+增值服务",为WPS在移动端的崛起提供了战略准备。

软件公司商业模式的特点是，毛利率奇高

	截至12月31日（年度）		
	2016年	2017年	2018年
		(%)	
毛利率	88.58%	88.23%	86.71%

在软件授权业务上，WPS以直销或代理的形式进行软件授权，授权模式包括数量授权和场地面积授权。

需要特别关注的是，WPS的机构客户，囊括中央部委、省地市政府、央企国企等"国"字号。这些客户的加持，使其价值远超表面估值。

软件授权业务近年来的营收占比在逐年下降，金山办公商业模式的重心，仍在于借助免费模式建立用户池，通过流量进行变现，其中最主要的方式就是办公服务订阅业务和广告业务。

金山办公实施基础功能免费（仅对个人）、增值服务收费的商业模式。

正是基础功能免费，为WPS招揽了大量的种子用户，随后金山办公再在庞大的用户基础上招揽收费会员。

WPS为收费会员提供文档漫游、云文档、皮肤等增值服务。同时设计权益阶梯上升的等级制度，鼓励会员提升等级，增加用户黏性。

WPS的会员产品体系并不局限于本身，而更似一种内容生态圈。比如，结合稻壳儿的线上模板资源、秀堂的HTML5推出的创作平台，ProcessOn的思维导图等，组成了完整的内容生态圈。

事实证明，愿意为WPS增值服务付费的用户数量是可观的，2018年达到481万人，创造营收3.93亿元，近3年的复合增长率是147%。

广告业务方面，金山办公完全是流量变现模式，羊毛出在猪身上。

金山办公的广告业务模式按照结算对象不同，可以分成3种模式：第三方平台、代理和自营。比如第三方平台，金山办公与阿里妈妈、腾讯等外部广告平台结算；在代理模式下，金山办公与广告代理商合作。

从金山办公的财报可知，其广告业务的主要构成就是第三方平台和代理广告商。

金山办公的广告结算模式包括4种：

CPS模式，广告主投放广告，产生真实的消费，扣除成本后为分成收入。客户将分成收入的一定比例作为广告费支付给金山办公。

CPT模式，根据协议确定广告投放周期，按实际投放时间确定广告费。

CPA模式，通过广告投放效果，比如增粉量、会员注册量等确定广告费。

CPC模式，按点击广告的次数收费。

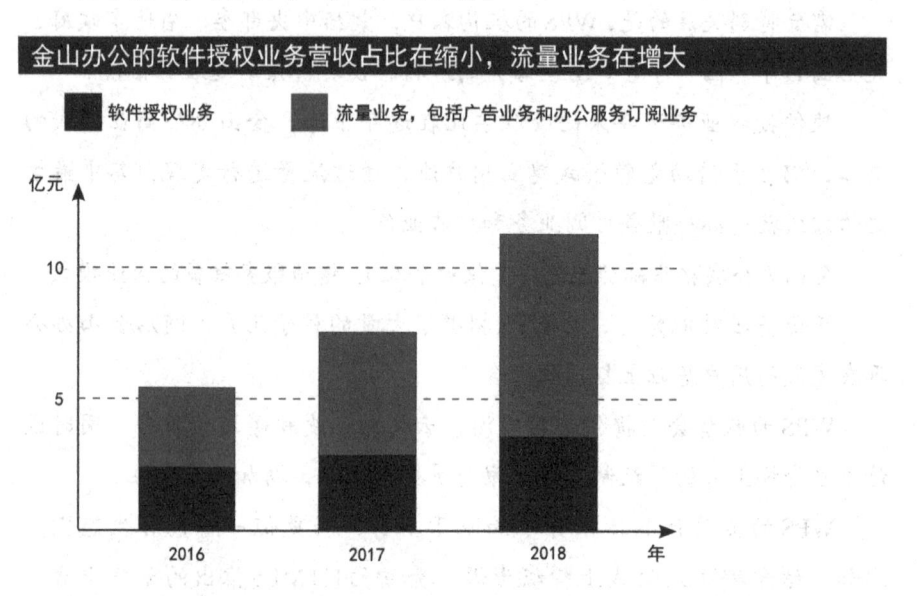

金山办公的软件授权业务营收占比在缩小，流量业务在增大

■ 软件授权业务　■ 流量业务，包括广告业务和办公服务订阅业务

2014—2018年，金山办公的办公服务订阅业务和广告业务占比不断攀升，已经从原来的30%增长到接近70%。

这样的比例说明，软件授权服务已经不再是金山办公的业务大头，其免费模式、流量变现的逻辑已经成型。

在微软已经"回过味来"加码移动端的当下，WPS与Office的直接较量已经正式打响。